地震で沈んだ湖底の村
琵琶湖湖底遺跡を科学する

林 博通・釜井俊孝・原口 強 ［著］

サンライズ出版

まえがき

　2011年の秋、長崎県鷹島(たかしま)沖の海底で発見された元寇船(げんこうせん)発見のニュースは多くの人々を驚かせた。鎌倉時代、中国・元の水軍の来襲はわが国の存亡にかかわる重大事件であった。"神風"によってその軍船の大半が沈没したため、その難はかろうじてまぬがれたのである。その沈没船を求めて長らく九州や沖縄の研究者たちは悪戦苦闘を重ねてきたが、ようやくその軍船そのものを発見したのである。これは水中考古学による大きな成果であった。

　そもそも海底や湖底にある遺構や遺物（都市や住居跡、沈没船など）に対する関心は15世紀頃からあり、その調査への動きは欧米から始まった。近年では欧州海洋考古学研究所によって古代エジプトの海底都市（アレクサンドリア・カノープス・ヘラクレイオンなど）で宮殿跡や神殿跡、王・王妃の巨大な影像などが発掘されている。

　中国や韓国でも水底遺跡の調査は進められ、特に韓国では国立海洋文化研究所によって国家的取り組みがなされているが、いずれも沈没船を主な対象としている。

　わが国における水底遺跡への関心は江戸時代にさかのぼり、それは琵琶湖から始まった。奥琵琶湖の深湖底、水深20〜70mにある葛籠尾崎(つづらおざき)湖底遺跡からは縄文早期〜平安末の、ほぼ完形の大量の遺物が出土しており、多くの人々の関心を集めてきた。この奥琵琶湖出身の考古学者、故小江慶雄氏は琵琶湖の湖底遺跡をはじめとして、わが国の水中考古学研究をリードしてきた。また、1973年から1991年にかけて、滋賀県教育委員会は琵琶湖総合開発事業に伴い、湖底遺跡の調査を大々的に実施し、さまざまな成果をあげてきた。このように、琵琶湖の湖底遺跡の調査・研究はわが国の水底遺跡の調査・研究に主導的役割を果たしてきたのである。

　琵琶湖の湖底遺跡の調査が、わが国の他の地域や韓国・中国のそれと大きく異なる点は、沈没船を対象とするのではなく、人が生活した痕跡である遺跡を対象としている点である。つまり、琵琶湖にはそうした遺跡が数多くあることを意味している。

現在の位置に、現況に似た琵琶湖が形づくられたのは今から40万～30万年前といわれ、現在とほぼ同じ形状になったのは1万5000～1万年前とされる。この一帯で人の活動した証拠となる石器が確認されるのは約2万5000年前の旧石器時代のことである。この頃はまだ琵琶湖周辺での人の動きはさほど活発ではなかったようだ。湖のまわりで人の生活した痕跡、「遺跡」が確認されるのは縄文早期の9500年前からで、それ以降遺跡は数多く残され、今日まで人々の営みは衰えることなく躍動している。

　滋賀県内において、遺跡は湖岸から山頂に至るまで約4500箇所が知られているが、なぜか湖底にも数多くの遺跡が存在している。この湖底遺跡は琵琶湖岸に沿ってほぼ全域に分布しているが、特に北湖の沿岸部には三ツ矢千軒、下坂浜千軒、尚江千軒など"村が湖底に沈んでいる"といわれる遺跡が幾つか存在する。しかし、その実態は全く不明で、これらは単なる伝承として一蹴されることが多かった。

　本書は、この水没村伝承の三つの湖底遺跡に焦点を当て、考古学的調査と二つの方法による理工学的調査との共同研究により、その実態解明と湖底遺跡の成因究明に取組んだ成果をまとめたものである。これまで数多くの湖底遺跡の調査・研究が行われてきたが、その成因についてこうした共同研究が行われたのは初めてのことで、その研究を少なからず前進させることができたのではないかと思っている。

　この成果が今後、湖底遺跡の究明ばかりではなく、多方面でご活用いただけることを念じている。

滋賀県立大学名誉教授
琵琶湖博物館特別研究員　　林　博通
京都大学防災研究所教授　　釜井俊孝
大阪市立大学大学院理学研究科准教授　　原口　強

目次

第1章　湖底遺跡の科学的実証法

1　琵琶湖の湖底遺跡とは …………………………………………………… 8
2　琵琶湖の水位 ……………………………………………………………… 10
　　1）水位観測の基準 …………………………………………………… 10
　　2）文献史料による水位 ……………………………………………… 11
　　3）考古資料の扱い方 ………………………………………………… 11
　　4）考古資料に基づく水位 …………………………………………… 14
3　湖底遺跡調査の取組みにいたる経緯 ………………………………… 18
4　考古学的調査方法と問題点 …………………………………………… 20
　　1）調査方法 …………………………………………………………… 20
　　2）問題点・課題 ……………………………………………………… 22
5　共同研究にいたる経緯 ………………………………………………… 23
6　地盤構造の物理探査 …………………………………………………… 24
　　1）高精度表面波探査 ………………………………………………… 25
　　2）オームマッパー …………………………………………………… 25
7　音波を用いた湖底の地質工学的な調査方法 ………………………… 26
　　1）詳細湖底地形計測 ………………………………………………… 26
　　2）音波探査 …………………………………………………………… 27

第2章　三ツ矢千軒遺跡の調査

1　水没村伝承と考古学的調査 …………………………………………… 34
　　1）伝承資料 …………………………………………………………… 34
　　2）第1次調査 ………………………………………………………… 36
　　3）第2次調査 ………………………………………………………… 46
2　陸域の地盤構造 ………………………………………………………… 54
3　湖底の地層探査 ………………………………………………………… 54
　　1）湖底地形とその特徴 ……………………………………………… 54
　　2）音波探査結果 ……………………………………………………… 55
　　3）小結 ………………………………………………………………… 55
4　まとめ …………………………………………………………………… 57
　　1）共同研究による調査結果 ………………………………………… 57
　　2）絵図からの検討 …………………………………………………… 58
　　3）当該地に大きな被害を与えた大地震 …………………………… 60
　　4）結び ………………………………………………………………… 61

第3章　尚江千軒遺跡の調査

1. 水没村伝承と考古学的調査 ……………………………………………… 64
    1）伝承資料 ……………………………………………………………… 64
    2）第1次調査 …………………………………………………………… 68
    3）第2次調査 …………………………………………………………… 83
2. 湖岸陸地部の地盤調査 …………………………………………………… 88
    1）筑摩神社地区陸域の地盤構造 ……………………………………… 88
    2）朝妻湊地区陸域の地盤構造 ………………………………………… 91
    3）尚江千軒遺跡の成因 ………………………………………………… 93
3. 湖底の地層探査 …………………………………………………………… 94
    1）湖底地形とその特徴 ………………………………………………… 94
    2）音波探査結果 ………………………………………………………… 94
    3）小結 …………………………………………………………………… 94
4. まとめ ……………………………………………………………………… 98

第4章　下坂浜千軒遺跡の調査

1. 水没村伝承と考古学的調査 ……………………………………………… 104
    1）伝承資料等 …………………………………………………………… 104
    2）第1次調査 …………………………………………………………… 105
    3）第2次調査 …………………………………………………………… 114
2. 湖岸陸地部の地盤調査 …………………………………………………… 119
    1）陸域の地盤構造 ……………………………………………………… 119
    2）下坂浜千軒遺跡の成因 ……………………………………………… 122
3. 湖底の地層探査 …………………………………………………………… 122
    1）湖底地形とその特徴 ………………………………………………… 122
    2）音波探査結果 ………………………………………………………… 123
    3）小結 …………………………………………………………………… 123
4. まとめ ……………………………………………………………………… 126

第5章　おわりに

共同研究の成果と湖底遺跡研究の問題点 …………………………………… 132
現代における防災上の意義 …………………………………………………… 134
多面的な湖底遺跡研究への期待 ……………………………………………… 135

謝意／参考文献

第 1 章　湖底遺跡の科学的実証法

1　琵琶湖の湖底遺跡とは

　そもそも琵琶湖には90〜100箇所の湖底遺跡が知られている。現在、琵琶湖の基準水位は標高84.371ｍで、これを基準とした水位の増減が滋賀県民の日常生活に大きな影響を与えるため、毎日そのデータが県民に知らされている。この基準水位より低位にある遺跡を湖底遺跡と称している。一言で湖底遺跡と称してはいるが、その実情はそう簡単には説明しきれない。琵琶湖自体が現況に近い状態になったのは１万5000〜１万年前といわれるが、これまでに知られている湖底遺跡の最も古いものは約9500年前の縄文時代早期の遺跡で、琵琶湖が現況に近い状態になった以降のものである。湖底遺跡を時間軸で見ると、縄文早期から近世に至るものまであるが、それらを整理するとおよそ次のように分類できる。

①当時の生活の場そのものが現在湖底になっているもの…赤野井湾遺跡（縄文早期〜奈良）・粟津湖底遺跡（縄文早期〜後期）・志那湖底遺跡（縄文後期〜平安）・延勝寺湖底遺跡（弥生前期〜中期）など。

②出土する地点の性格は明確ではないが、遺物（土器・石器・古銭など）のみが湖底から出土するもので、何らかの要因で元の場所から動いた二次的堆積あるいは祭祀に伴うとみられるもの…葛籠尾崎湖底遺跡（縄文早期〜平安）・多景島遺跡（弥生〜江戸）・浮御堂遺跡（弥生後期〜江戸）など。

③城跡や港跡とみられる石垣や石堤などが認められるもので、構築当初から湖底に存在しているもの…坂本城跡（室町末）・大津城跡（室町末）・膳所城跡（江戸）の石垣・芦刈遺跡の桟橋状遺構（奈良時代頃…７〜８世紀）・唐橋遺跡の橋脚遺構（白鳳期…７世紀後半〜江戸）など。

④村や神社などが湖底に沈んだという伝承のあるところ…三ツ矢千軒遺跡・尚江千軒遺跡・下坂浜千軒遺跡・阿曽津千軒遺跡など。遺構が確認されれば①に属することになる。

　これらのなかで、遺跡が存在した時期と現在の環境が大きく異なり、湖底となった要因が琵琶湖の水位の上昇や地盤の変化とのかかわりに求められるものは①と④に属する遺跡である。

　　　　　　　　　　　　　　　　　　　　　　　　　　　　（林　博通）

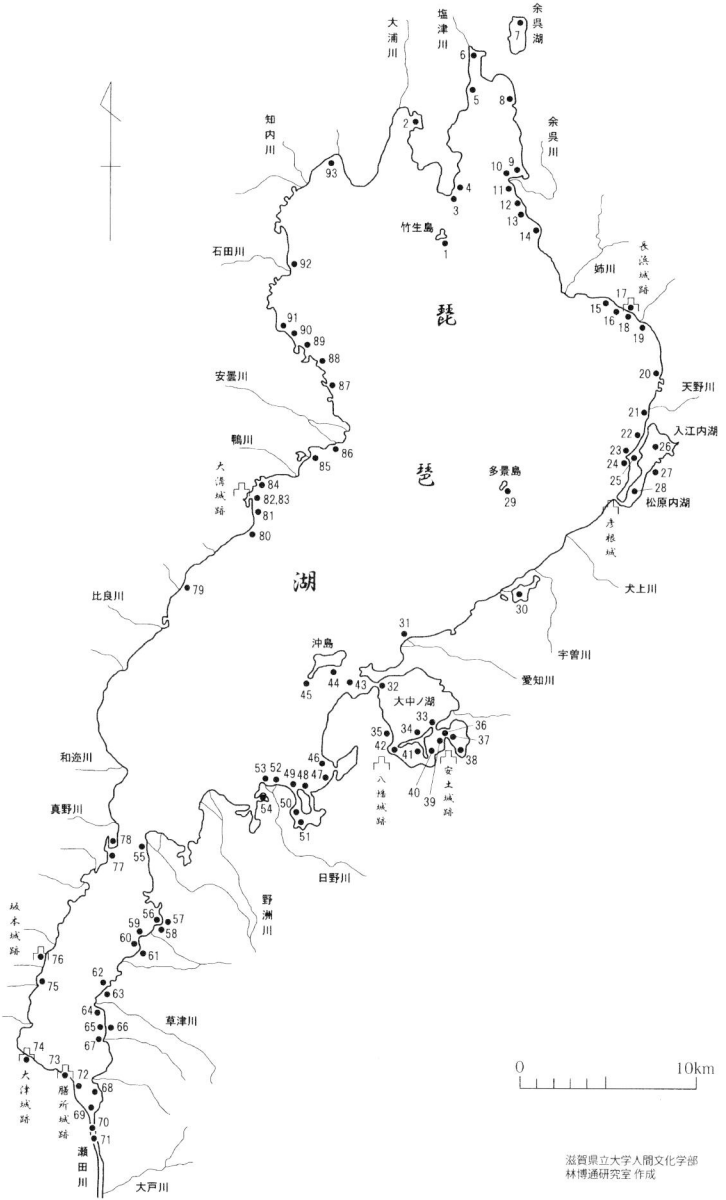

図1-1 琵琶湖湖底遺跡分布図

第1章 湖底遺跡の科学的実証法 9

図1-1番号の遺跡名	23 磯湖底遺跡	47 大房湖岸遺跡	71 蛍谷遺跡
	24 松原沖遺跡	48 水茎A遺跡	72 膳所湖底遺跡
1 生竹島遺跡	25 矢倉川遺跡	49 牧湖岸遺跡	73 膳所城遺跡
2 諸川湖底A遺跡	26 入江内湖遺跡	50 水茎B遺跡	74 大津城遺跡
3 葛籠尾崎湖底遺跡	27 入江内湖西野遺跡	51 水茎C遺跡	75 唐崎遺跡
4 寺ヶ浦遺跡	28 松原内湖遺跡	52 新畑湖岸遺跡	76 坂本城遺跡
5 片山湖底遺跡	29 多景島遺跡	53 佐波江湖岸遺跡	77 浮御堂遺跡
6 塩津港遺跡	30 曽根沼遺跡	54 野田沼遺跡	78 今堅田城遺跡
7 余呉湖湖底遺跡	31 栗見出在家遺跡	55 木浜湖底遺跡	79 北小松湖岸遺跡
8 阿曽津千軒遺跡	32 切通遺跡	56 赤野井湾遺跡	80 白鬚大明神遺跡
9 尾上浜遺跡	33 大中の湖東遺跡	57 赤野井浜遺跡	81 大溝湖底遺跡
10 余呉川河口遺跡	34 大中の湖南遺跡(国史)	58 小津浜遺跡	82 萩ノ浜南遺跡
11 尾上遺跡	35 白王遺跡	59 烏丸崎遺跡	83 萩ノ浜北遺跡
12 今西湖岸遺跡	36 獅子鼻B遺跡	60 津田江湖底遺跡	84 三ッ矢千軒遺跡
13 延勝寺湖底遺跡	37 城東B遺跡	61 津田江遺跡	85 藤江千軒遺跡
14 早崎遺跡	38 城東A遺跡	62 志那湖底遺跡	86 船木千軒遺跡
15 相撲湖底遺跡	39 竜ヶ崎A遺跡	63 七条浦遺跡	87 源氏遺跡
16 西浜千軒遺跡	40 弁天島遺跡	64 北山田湖底遺跡	88 外ヶ浜遺跡
17 長浜城遺跡	41 芦刈遺跡	65 矢橋湖岸遺跡	89 深溝浜遺跡
18 豊公園湖岸遺跡	42 川西遺跡	66 北萱遺跡	90 針江浜遺跡
19 下坂浜千軒遺跡	43 宮ヶ浜湖底遺跡	67 矢橋港遺跡	91 森浜遺跡(かくれ道)
20 土川湖底遺跡	44 沖島赤鼻湖底遺跡	68 大江湖底遺跡	92 浜分遺跡
21 朝妻港跡遺跡	45 沖島浜遺跡	69 粟津湖底遺跡	93 西浜遺跡
22 尚江千軒遺跡	46 長命寺湖底遺跡	70 唐橋遺跡	

2　琵琶湖の水位

1）水位観測の基準

　琵琶湖の湖水は唯一、自然河川の瀬田川から流出する。ただ、明治23年（1890）に大津市三保ヶ崎に琵琶湖疏水が、大正2年（1913）に南郷洗堰の360m上流に宇治水力発電の疏水が開設され人為的に通水が行われているが、この通水量はさほど大きいものではない。琵琶湖の湖水量の多寡あるいは湖水面の高低は瀬田川からの流出量によって左右される。近世の資料によると、瀬田川に溜まった土砂の浚渫の有無が湖辺住民の生活に著しくかかわっていたことが窺われるが、実情は定かではない。

　現在の琵琶湖の水位は、明治38年（1905）に瀬田川に創設され、昭和36年（1961）に改設された南郷洗堰によって人為的に調節されている。そして、琵琶湖の基準水位は明治7年（1874）に、これ以上の水位低下は予想し得ないという判断に基づいて任意に設定された鳥居川量水標の0点を基準として計測

されているが、平成4年（1992）からはこの基準をもとに、大津市三保ヶ崎の琵琶湖疏水取入れ口、大津市堅田（かたた）漁港、彦根市彦根港、長浜市片山港、高島市大溝港の5箇所の観測データの平均値が公表されている。この0点は標高84.371mに当たる。

2）文献史料による水位

　琵琶湖の水位の歴史的変遷については明確な記録が少なく、その変化を具体的にあとづけることは容易ではない。琵琶湖の水位に関する定量的な観測は膳所藩や彦根藩で行われていたようで、『膳所藩史料』の「郡方日記」には享保6年（1721）から慶応4年（1868）まで北山田と下笠で観測した記録が残されている。観測体制が整うのは明治45年（1912）のことである。鳥居川量水標設置以前の膳所藩・彦根藩の水位観測の基準については明確ではないが、残された記録からその基準が2種類割り出されている。秋田裕毅氏（秋田1997、以後Aとする）と池淵周一氏ほか（池淵ほか1995、以後Iとする）によるもので、結論だけを標高に換算して述べると、享保から天保の瀬田川大浚渫以前の北山田の定水基準は、Aは84.89m、Iは84.864m、浚渫以後は、Aは84.37m、Iは84.561mであるとし、享保以後の常水位を観測記録から復元している。

　例えば、浚渫前の享保6年（1721）は、Aは85.22m、Iは数式により85.186m、天保元年（1830）は、Aは85.49m、Iは85.469m、浚渫後の天保6年（1835）は、Aは84.93m、Iは85.273mとされ、いずれも現在よりかなり高水位であったことが知られる。享保5年（1720）以前の琵琶湖の水位の具体的数値については不明といわざるを得ない。

3）考古資料の扱い方

　琵琶湖の水位や汀線の変動については、これまでに考古学・歴史学・歴史地理学・地震学・地学・地質学・環境史学・地形学など多くの視点からの検討がなされてきたが、さまざまな要素が複合的に関係するため、いまだ一定の合意に達する段階にはいたっていない[註1]。例えば、湖底遺跡の分布高度に基づく時系列の水位変動に関しては、その遺跡の成立時から現在までに地震の断層運動や液状化に伴う地すべり（側方流動）などの地盤変動がその遺跡地点に一度でも生じたとすれば、その高度の数値は全く意味をなさないものになる。この方法が有効なものであるためには、きわめて困難な作業ではあるが、各遺跡に

おける立地条件を細かく検討し、その高度が遺跡成立時から現在まで不変であることを証明する必要がある。

　事例をあげると、沖合約170m地点で発掘された高島市新旭町針江浜遺跡においては、古墳時代と想定される水田跡や畦道状遺構が検出された第１遺構面は標高82.3m前後、弥生中期前葉の遺物を伴う掘立柱建物や溝、噴砂跡などが検出された第２遺構面は81.8m前後、弥生前期の遺物を伴う竪穴住居や掘立柱建物などが検出された第３遺構面は標高81.5m前後、縄文後期〜晩期の土器の包含層が検出された第４遺構面は標高81.0mである（大沼1988、1990）。

　しかし、それぞれの遺構面の高さは当時の高度をそのまま今日まで保持しているとは言いがたい。すでに第２遺構面の弥生中期前葉時点で大地震に伴う噴砂跡や倒れた数十本のヤナギの大木などが認められ、液状化によって地盤が沈下していると判断される。したがって、この第２〜第４遺構面はすでにこの段階でその高度は原位置より低下しているとみなければならない。

　そして、その後もこの遺跡一帯は元暦２年（1185年、推定マグニチュード7.4前後、以下Mで表わす）や正中２年（1325年、推定M6.5以上）、寛文２年（1662年、推定M7.25〜7.6）など多くの大地震の影響を受け、激しい地震動による液状化等による地すべり（側方流動）などによって高度を下げている可能性は十分考えられるからである。

　平安時代後期（11世紀中頃〜12世紀末）の多量の起請文札や神像５体を伴う神社遺構が発掘された、琵琶湖最北端にある塩津港遺跡の例をみてみよう。遺構面は標高83.5m前後を測り、現琵琶湖の基準水位より約87cm低い。このため、当時の琵琶湖の水位はこれより少し低い数値とみなされがちである。遺構面には無数の噴砂跡が認められ、神殿周辺の掘立柱建物の遺存していた柱根はいずれも陸地側に傾いていて、この神社遺構は元暦２年（1185）の大地震により廃絶したと考えられている（横田洋三2011）。この遺跡のすぐ南側の湖底の地盤調査を実施した原口は、湖底に地すべり痕跡のあることを確認し、大地震による地すべりによって地盤沈下が生じ、そこに津波が来て神社遺構が破壊された可能性を指摘している（本書第５章）。このように、検出された遺構面を当時と不変とみなすことは危険である。

　最近の事例として、我が国に未曽有の大被害を及ぼした2011年３月の東北地方太平洋沖地震（M9.0）では、岩手・宮城・福島県の沿岸各所において、広い範囲で地盤が沈降（最大で－120cm）している。

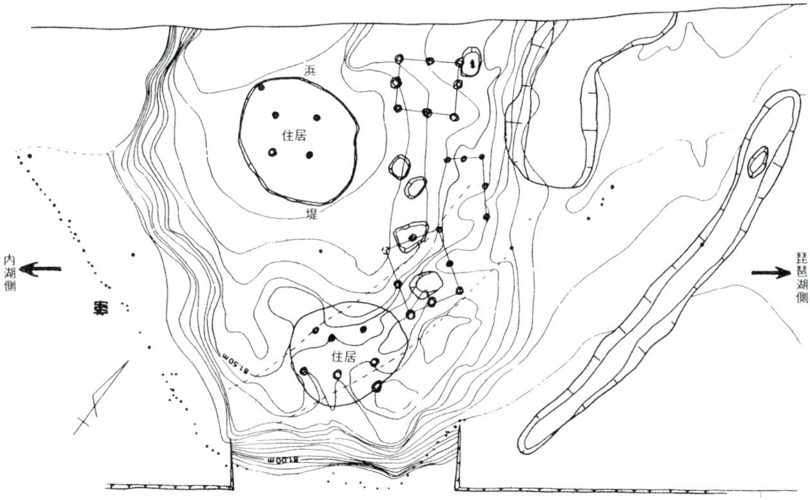

針江浜遺跡　弥生時代前期遺構面

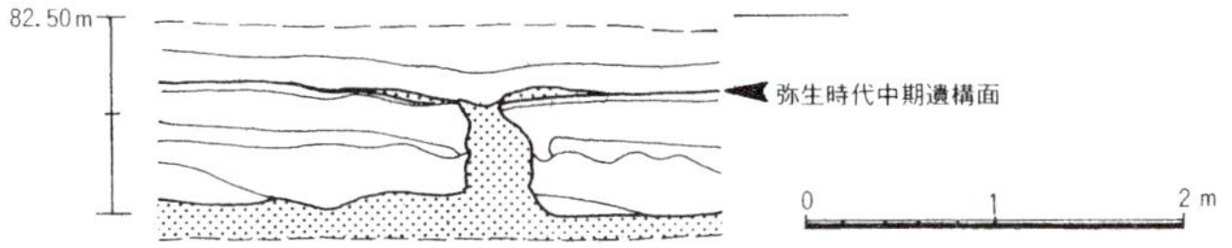

針江浜遺跡　弥生時代中期噴砂断面図

図1-2　針江浜遺跡　弥生時代の遺構面　横田洋三「考古資料から見た琵琶湖湖岸の地形的歴史環境」(『琵琶湖の歴史環境』琵琶湖博物館開設準備室研究調査報告第２号　1994年)

図1-3　針江浜遺跡
弥生前期の第３遺構面
(滋賀県教育委員会提供)

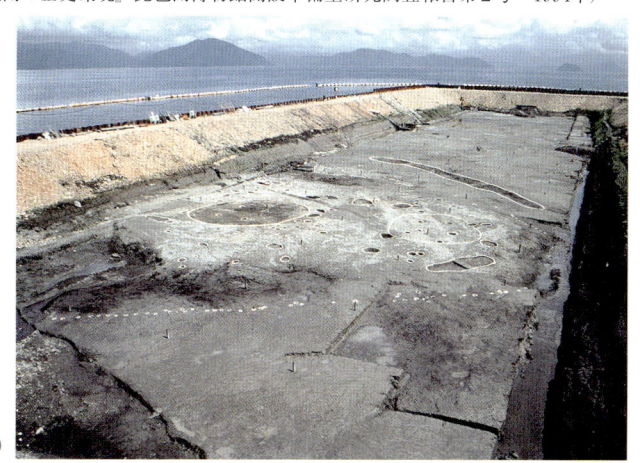

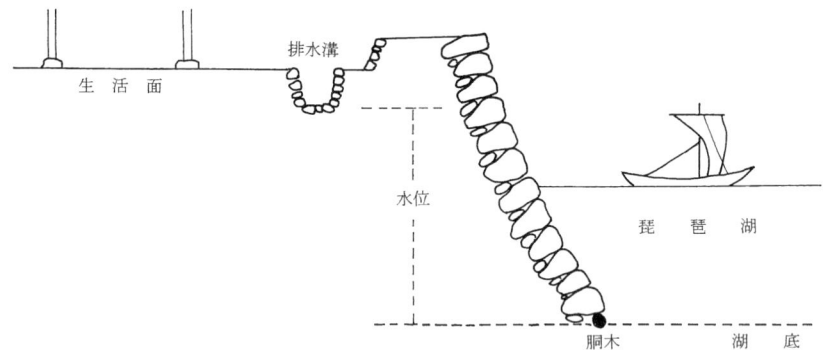

図1-4 「水城」と琵琶湖の水位との関係模式図

　琵琶湖の水位を湖底遺跡そのものから割り出すことについては、きわめて慎重でなければならない。

4）考古資料に基づく水位

　近年の発掘調査結果から、高い確率で琵琶湖の水位を割り出せる資料が幾つかある。湖岸に構築された「水城」である。

坂本城跡　明智光秀により元亀2年（1571）に築城が開始され、元亀4年6月にはほぼ完成し、天正10年（1582）本能寺の変の後落城した。翌年再建されたが、大津城築城に伴い天正14年（1586）頃には廃城となった。

　昭和54年（1979）、湖に接する湖岸で本丸とみられる遺構が発掘され、建物跡や溝などが検出された。遺構面の高さは85.13〜85.73m、石組溝の底の高さは84.82m前後であった（大津市教育委員会2008）。この地に接した東側の湖底には石垣が見られるが、平成6年（1994）の大渇水（−123cm）の時、この石垣地点が陸化し、簡単な調査が行われた（滋賀県安土城郭調査研究所1996）。7面の石垣、1箇所の石段、3列の杭列が確認され、坂本城の城郭を構成する一画とみなされた。石垣は胴木と1段目の石垣、裏込め石から成る基底部のみであった。胴木の標高は83.3〜83.7mであった。したがって、この時期の琵琶湖の水位は、胴木よりも高く、遺構面よりも低い84〜84.8m程度であったとみられる。

大津城跡　築城の詳細は明らかではないが、天正14年（1586）頃と考えられ、膳所城への移転に伴い、慶長6年（1601）頃の廃城と考えられる。

　何回かの調査が実施されているが、当時の水位がある程度推定できる資料と

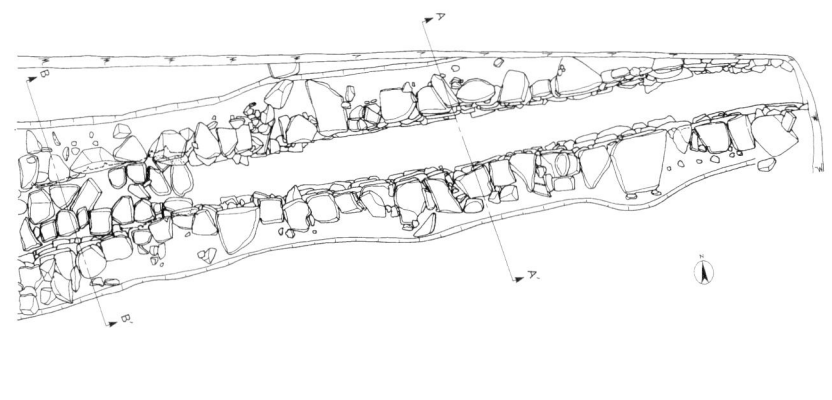

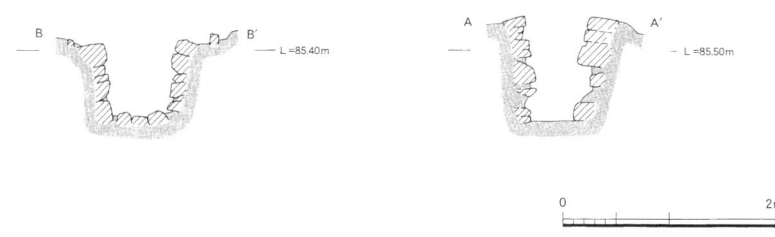

図1-5 坂本城跡石組溝 (大津市教育委員会2008)

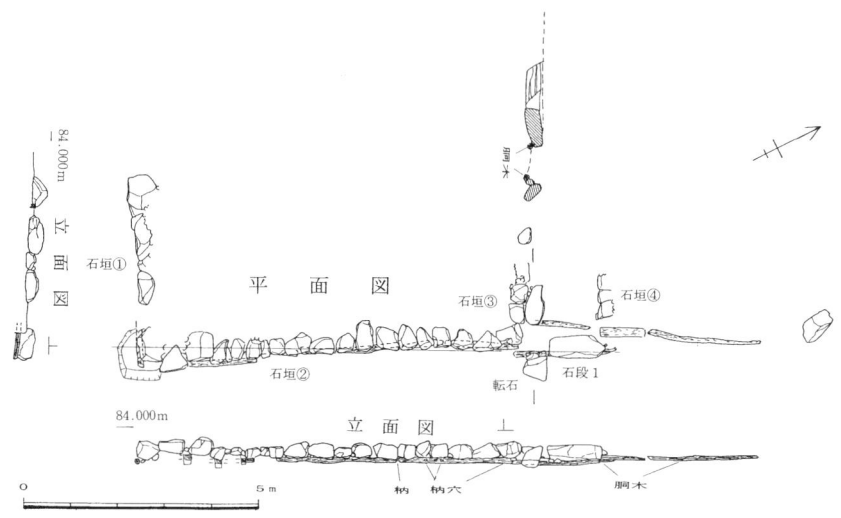

図1-6 坂本城跡の湖底の石垣 (滋賀県安土城郭調査研究所1996)

第1章 湖底遺跡の科学的実証法 15

しては、平成8年度・9年度に調査された本丸跡の事例がある（大津市教育委員会1999）。4面の遺構面があり、大津城に関する遺構は第4遺構面で、礎石建物2棟、排水溝等がある。遺構面は標高85.5～85.6mで、礎石建物SB1の南側にある排水溝SD3の溝底の標高は85.4mを測る。したがって、これらから割り出せる当時の琵琶湖の水位は85.4mより低位であったということになる。

安土城跡　織田信長により天正4年（1576）に築城が開始され、天正10年（1582）6月に焼失している。

搦手道湖辺部の調査では、当時の航路かとみられる幅約3.5m、深さ約1.6mの素掘りの溝が検出された。この溝は当時の湖底を形成する層と考えられる灰色粘土層を掘り込んだもので、その肩部の標高は84.8～85.8mを測る（滋賀県安土城郭調査研究所2000）。周辺の水位は、船の航行が可能な水位を考慮すると、84.5～85m程度であったことが想定される。また、安土城南面平坦地裾部の調査で、大手口方面から百々橋方面へ延びる石組溝が検出されているが、この溝底の標高は85.7～85.9mを測る（滋賀県安土城郭調査研究所2003）。排水を可能にするためには安土城周辺の水面の水位はそれ以下である必要がある。したがって、安土城を囲む内湖（当時は干拓前のような内湖ではなかった可能性がある）の水位は84.5～85m程度であったと考えられる。

いわゆる本湖から遠く隔たった安土城周辺の水面と本湖との水面の高さに差の有無に関しては、先述の5箇所の水位観測の同時刻の高さを調べると、遠く隔てた琵琶湖の東西南北の水位は、風などの影響により数cm程度の差はあるものの、文字通りほぼ水平であることから、安土城周辺と本湖との水位は同一とみなして問題ない。

各水城とも今後さらに詳細な検出を待って検討する必要はあるが、一応、元亀年間（1570～1573）から慶長年間（1596～1615）頃の琵琶湖の水位は84m代～85m前半代程度とみなすことができる。ただ、これらの遺構が大地震の液状化などにより沈下した可能性は否定しきれないが、これらの遺構に隣接する陸地部の遺構との連続性を考慮すると、その可能性は少ないと考えられる。

なお、湖畔の荒神山北側の低湿地に営まれた室町時代の集落跡、彦根市妙楽寺遺跡のIV期、15世紀から16世紀後半の集落内の水路を検討してみる。複数の水路が検出されているが、これらは、底は素掘りのままだが石組みの護岸を施したもので、SD454・SD463・SD469・SD482などを検討すると、その水路の水位は84m前後～85m前後と判断される（滋賀県教育委員会ほか1989）。この遺

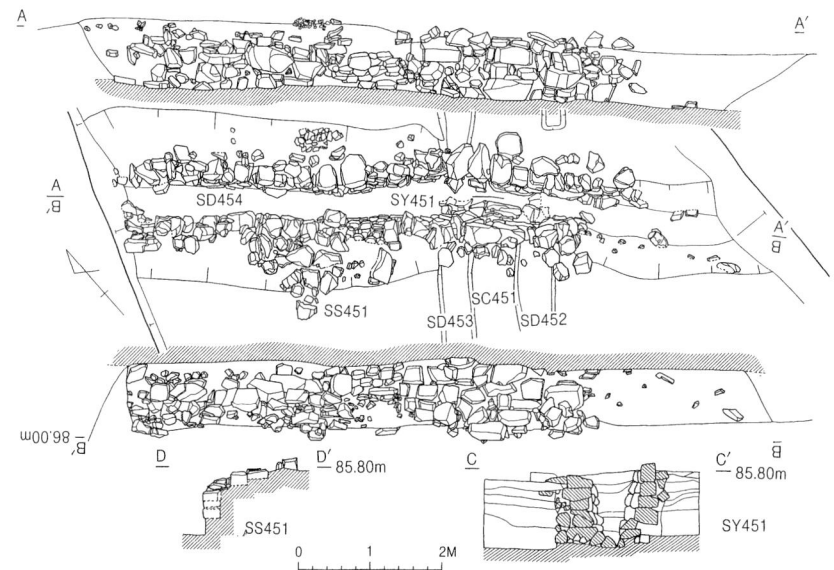

図1-7 彦根市妙楽寺遺跡の水路 15世紀～16世紀後半（滋賀県教育委員会ほか1989）

跡は、現在は宇曽川に接しているが、当時の宇曽川の位置は不明で、ある時期、荒神山の南側を流れていた可能性も指摘されている（谷岡1964）。すぐ横を流れていたとしても、洪水や渇水による水位の増減の激しい点を考慮すると、この水路が宇曽川と直接つながっていたとは考えられない。この水路は現在でも近くの須越町・八坂町の背後に一部存在する野田沼と通じ、琵琶湖につながっていたものと判断される。したがって、琵琶湖の水位はこの水路の示す高さとほぼ同じであったとみなされる。

また、彦根藩松原下屋敷（お浜御殿）の、琵琶湖に直結する南東側護岸の船着場の発掘調査の状況から判断される嘉永5年（1852）頃の水位は85.2m前後である[註2]。

このように、琵琶湖の水位は、考古資料からみて、15～17世紀は84m代～85m前半代、19世紀中頃は85.2m前後、文献史料からみて、18～19世紀は同じく84m代～85m前半代とみることができる。水位観測の始まった明治7年（1874）から南郷洗堰開設（1905）までは85m前半代であった。

（林　博通）

3　湖底遺跡調査の取組みにいたる経緯

　湖底遺跡の調査の対象としたのは④に属する水没村伝承の湖底遺跡のうち、主に三ツ矢千軒遺跡・尚江千軒遺跡・下坂浜千軒遺跡の3遺跡であるが、初期の段階（1998～1999年頃）では深湖底（水深約20m）の阿曽津千軒遺跡で、スキューバダイビング調査やロボット調査も実施した。また、葛籠尾崎湖底遺跡でも何度か水中ロボット調査を行い、その斜面に沿って水深60mほどの湖底までの状況を観察した。

　水没村伝承については、郡志などに地元の口伝に基づいてわずかに記されたり、民話に残されたりしているが、実際、現在でも地元民に口伝として消えることなく言い伝えられているものもある。しかし、この対象となる村跡の位置についての具体的よりどころはほとんどなく、湖底にあるということもあってこれまで注目されることは少なく、その実態解明に本格的に取り組んだ研究者は皆無であった。

　発足まもない滋賀県立大学人間文化学部の考古学専攻の林研究室では、潜水資格を持つゼミ学生の熱心な要望を受けて湖底遺跡の調査をすすめることにした。「キャンパスは琵琶湖」という大学のキャッチフレーズを生かそうという思いもあった。しかし、危険を伴い、調査船や潜水機器を必要とし、見通しの立たない湖底遺跡調査を始めるに当たって、あれこれ逡巡を繰り返した。

　私の大学時代のゼミ主任教授は、わが国の水中考古学の草分けである小江慶雄先生（元京都教育大学学長）で、琵琶湖湖底遺跡の話はよく耳にし、それに対する興味とある程度の知識は持っていた。また、私が大学に勤務する前は、滋賀県教育委員会文化財保護課埋蔵文化財の担当者として、琵琶湖総合開発事業に伴う湖底遺跡の調査に関係し、私自身、素潜りではあったが、実際に湖底に潜って調査した経験もあり、湖底遺跡の調査をおこなうことに何ら違和感はなかった。

　しかし、調査組織をもたない大学の一研究者が、微々たる研究費で湖底遺跡の発掘が不可能なことは十分承知していた。そこで、できることは何かと思案の結果、思いいたったのが水没村伝承の湖底遺跡の調査であった。これは湖底を掘削して発掘を行うのではなく、湖底に潜って湖底面を観察して、遺構・遺物の存在や状況を探るという、湖底遺跡の「分布調査」であった。その対象を水没村伝承地に限定することで目標が明確となり、調査水域をかなり絞り込む

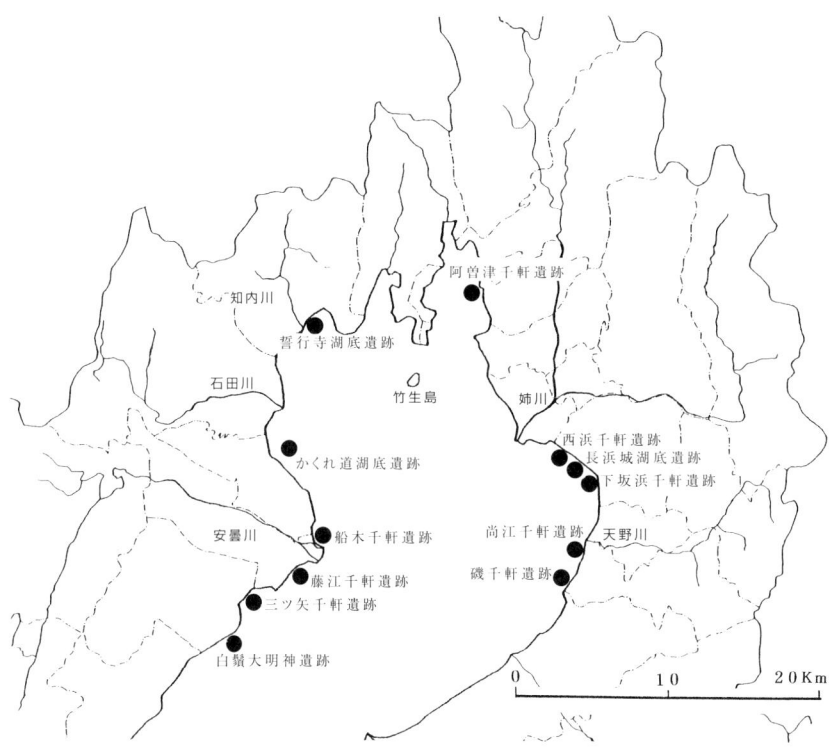

図1-8　琵琶湖における水没村ほか伝承・口伝の湖底遺跡

ことができる。伝承にあるとおり水没した村跡は本当にあるのか、あるとすれば具体的にどのようにあるのか、その水没の原因は何なのか、という問題意識を持ってとにかく始めることとした。
　調査を開始したのは1997年の夏からである。当初は船も潜水機器も水中カメラもすべて賃貸借によるものであったが、幸い大学当局の理解を得て、調査船をはじめ諸道具を次第に整えることができ、私自身、船舶操縦免許も取得して調査を進めることとなった。

（林　博通）

4　考古学的調査方法と問題点

　調査方法も試行錯誤の連続であった。伝承のある地は漠然としていて場所を具体的に特定し得ないため、最初は広範な地域を闇雲に探ることから始めなければならなかった。

1）調査方法
①水中メガネを着用して素潜りにより湖底を観察する。これは浅位部に限られるが、遺構・遺物が発見されればその地点に杭を打ち、そこからロープを付けたブイを浮上させる。あるいはその地点にポールを立て、記録に備える。
②スキューバダイビングにより湖底を観察する。浅位部〜深湖底に通用する調査法で、遺構・遺物が見つかれば、その地点に杭を打ち、ロープを付けたブイを浮上させ記録に備える。
③スキューバダイビングによりビデオ・写真記録を作成する。
④水中ロボットによる湖底の観察とビデオ記録を作成する。船上に発電機・モニターテレビ等を置き、カメラを設置した水中ロボットとケーブルで繋ぎ、船上で操作しながらロボットを沈めて湖底直上を走らすと湖底の様子がモニターテレビに映し出される。同時にその画面はビデオカメラで記録される。しかし、この方法は効率性に欠け、潜水の困難な低気温の季節や深湖底の調査にのみ有効である。
⑤遺構・遺物発見地点を図面に記録する。
　a　平板測量による湖底地形図の作成とその地形図へ遺構・遺物のある地点を記録する。人の背の立つ浅位部に限られる。

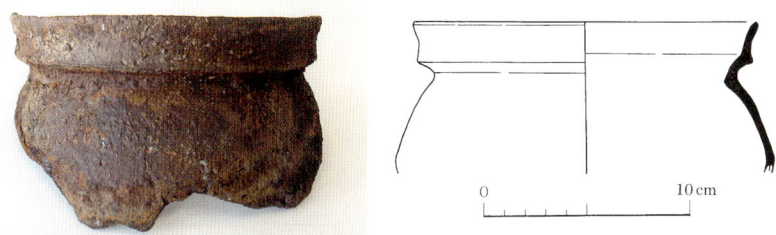

図1-9　阿曽津千軒遺跡出土土器　北陸系有段口縁甕(かめ)（越前南部の特徴をもつ。庄内併行期…古墳時代初頭）。内外面全面に湖成鉄が付着している。1998年7月8日、水深18mの礫層上で出土

図1-10　図1-9の甕(かめ)が発見された水域　ブイのある付近の湖底から出土

第1章　湖底遺跡の科学的実証法　21

b　既成の湖底地形図（1万分の1）へ遺構・遺物の検出地点を記録する。あるいは2500分の1等の都市計画図に記録する。
　　c　遺構が見つかれば、湖底に1m方眼の割付を行い、20分の1の実測図を作成する。
⑥共同研究の一環として実現した調査方法であるが、三次元サイドスキャンソナーによる高精度測探調査での詳細湖底地形図を活用する。これは10cmコンターの微地形図で、この図から湖底の異常な箇所を読み取り、そこを狙ってスキューバダイビングにより実態を確認する。

2）問題点・課題

①素潜りの場合は浅位部であれば比較的容易で有効であるが、背の立たない深さになると体力を消耗し、危険度も増して継続した調査は難しい。潜水はスキューバダイビングが最適である。

②広大で水深の深い北湖でも湖中の視界はきわめて悪く、2～3m先はほとんど見えず、通常、1～1.5mほどの範囲しか見通すことはできない。このため、調査の効率はきわめて悪いものとなる。遺構が見つかっても見通せないために全体像が把握できず、実測図作成後、はじめて全容把握が可能となる。

③遠浅の地域の場合、風が出て波が立ち始めると、湖底の泥や砂が舞い上がって湖水を汚濁して視界はゼロ近くなり、調査不能となる。

④太陽光線の届く水深5m程度以内の浅位部では、水草が繁茂して湖底面が一面に覆われ、目視範囲が著しく制限される。季節と場所によっては全く湖底面が観察できない地域もある。

⑤素潜りあるいはスキューバダイビングにより湖底に近づくと泥や砂が舞い上がって、よほど注意深く潜らないと観察不能となる。それが沈静化し、視界良好となるには数十分～数時間を要する場合がある。水中ロボットでも本体の着底やスクリューの作動により同様な事態が発生する。

⑥人の背が届く範囲の遠浅であれば平板による地形測量は可能で、地形とともに遺構等の記録は作成できるが、それ以上の水深地域になると微地形の記録は困難である。

⑦深湖底で遺構・遺物が発見された場合、その地点からロープを付けたブイを浮上させてその地点を記録するが、ブイの位置は風波によりかなり移動するため、そのポイントの正確な計測は現状では不可能である。

⑧水深が深くなると太陽光線が届きにくく、特に曇天の日には真っ暗となり、強力な水中ライトを用いたとしても観察できる範囲は1m程度で、調査範囲はきわめて限定される。

⑨そして、最も大切で基本的なことは、安全な調査環境で調査を実施するということである。湖といえども広大な琵琶湖は高波が発生し、船の転覆事故につながることがある。午前中は油を流したように穏やかな湖面でも、午後になると一転して高波に変わり、船が錨ごと流されることもある。空は晴れても湖に出られないこともしばしばである。湖の東と西では波の状況は大きく異なる。そして、雷の接近が最も危険だ。このため、船を操縦できる人物が必ず船上に残って、気象の変化に絶えず気を配ることが重要である。また、事前に調査日程を確定することが難しく、調査が可能かどうかは当日、湖の状態を見るまで判断はできない。

このように、湖底調査は陸上とは比べものにならないほど制限が多く、きわめて効率の悪い調査にならざるを得ないのが実情である。しかし、粘り強く、かつ注意深く継続していく以外に方法はない。今後こうした問題点を少しでも解消しうる方法や技術、機器の開発・研究にも努力していかなければならない。

（林　博通）

5　共同研究にいたる経緯

　湖底に潜っては、そこに水没した村の何らかの痕跡がないか、生活した土器などの破片はないか、という気の遠くなるような地道な調査を気長に続けているうちに、わずかながらその手掛かりがつかめてきた。元来陸上にあったはずのそれらが、今なぜ湖底にあるのかその成因を探ろうとするが、人文系の考古学や歴史学の領域では限界があり、成因についてはどうしても推定の域を出ることは難しい。このため、自然科学分野の研究者との学際的調査研究の必要性を痛感していた。

　幸い2007年春、京都大学防災研究所災害研究センターの釜井俊孝教授から共同研究の申し入れがあり、同時に大阪市立大学大学院理学研究科の原口強准教授にも加わっていただいた。釜井教授は湖岸の陸地において微弱な人工地震を発生させ、その時の地盤の揺れの波形データを解析する表面波探査などから地盤の構造を把握し、すべり研究を、原口准教授は船上から音波を水中に発して、

湖底の地盤構造を把握する研究をそれぞれ担当した。

そして、2007年の夏、尚江千軒遺跡においてこの共同研究の調査をはじめて実施し、興味ある調査結果を得ることができた（林ほか2007）。その後、それぞれ調査・研究が進められ、各章で述べられる結果が得られたのである。

水没村伝承湖底遺跡の解明については、次のようなステップを踏んできた。

第1段階　伝承・口伝・絵図などからその存在を知るが、この段階では具体的位置も範囲も年代もきわめて曖昧で、その存在すら疑念があるが、一応、大まかな場所は推定できる。

第2段階　その推定地を考古学的調査（水中ロボットを使った調査や素潜り調査、スキューバダイビング調査）によって、遺構・遺物などの物的証拠を見つけ出すことにより、湖底遺跡の存在を確認し、その具体的位置や年代等を明らかにする。

そして、その確認されたわずかな物証からこの遺跡の性格を検討して歴史的に位置づける。さらに、今なぜ湖底に存在するのか、その成因をさまざまな角度から検討し、消去法的に考察して判断する。しかし、この判断は推定の域にとどまらざるを得ない。

第3段階　応用地質学的調査によって遺跡およびその周辺の地盤の状況を把握する。そして、その内容を検討して湖底遺跡の成因を科学的・物証的に証明する。

考古学的調査および応用地質学的調査等の結果が一致することによって、湖底遺跡の成因はきわめて確度の高いものということができる。

また、応用地質学的調査等によって得られたデータに基づき、再度考古学的調査を実施することにより、新たな成果を得ることが可能となる。

（林　博通）

6　地盤構造の物理探査

湖底遺跡の陸上側延長には、湖底遺跡の成因の解明に繋がる地盤構造が残留している可能性がある。そこで、以下の物理探査手法を用いて湖岸部の地盤構造の探査を行った。

1）高精度表面波探査

　高精度表面波探査は、地盤の地表付近を伝わる人工地震波（表面波）を多チャンネルで測定・解析することにより深度20m程度までの地盤のS波速度を二次元断面として画像化する技術である。測定・解析が簡単なため、素早く低コストでS波速度構造を求めることができる。S波速度は物質の硬さなど工学的な目安となる剛性率に直接関係する値であり、地盤の動的特性の把握・検討などには不可欠なパラメータであるが、表面波探査を用いることにより広範囲のS波速度構造を簡単に把握することができる。

　不均質な地盤の表面付近を伝わる表面波（レイリー波）は、その波長（周波数）によって伝播速度が変化する。すなわち、短い波長（高周波数）では速度が遅く、長い波長（低周波数）では速度が速くなる。一般の地盤では、深度とともに弾性波速度が増加するので、表面波は長い波長ほど深部の速度を反映すると考えられる。そこで、波長（周波数）による伝播速度の違い（分散）を逆解析することにより、不均質な地盤のS波速度構造を求めることができる。

図1-11　高精度表面波探査の状況

　従来の表面波探査では2〜3個の受振器を用いて測定・解析を行っていたが、高精度表面波探査では多数の受振器を用いる。これにより、表面波を確実に検出することができ、精度良くS波速度構造を求めることができる。

2）オームマッパー

　オームマッパーは新たに開発された電磁型アンテナにより、舗装上でも測定が可能な比抵抗探査法である。

図1-12　オームマッパーによる探査

第1章　湖底遺跡の科学的実証法　25

従来の方法と異なり、電極（ポール）を地中に設置する必要はない。その結果、調査時間は従来の電気探査に比べて約30分の1に短縮される。測定は原則として1名で可能であり、ロガーを腰に装着し、アンテナを引きずることで連続的にデータを取得し、深度毎に比抵抗値の平面分布（マップ）を描くことができる。

(釜井俊孝)

7　音波を用いた湖底の地質工学的な調査方法

　ここでは、湖底遺跡調査のための詳細湖底地形計測と音波探査手法について述べる。

1）詳細湖底地形計測

　水中遺跡調査では、できる限り詳細な湖底地形の情報があるのがのぞましい。一般的な水域での地形測量では、例えば50m間隔に直線的な測線を設けて行うライン測深による深浅測量が行われ、その結果をもとに未測定区間を補完する方法で水域の地形図（深浅図）が作製される。しかしこの方法では、計測ラインから外れた位置に遺構があった場合、これを見つけることができない。

　このため水中遺跡調査ではライン測深による深浅測量ではなく、面的に高精度なデータ取得ができるマルチビーム方式（図1-14：Multibeam）測深が適している。しかしこのシステムではビーム幅が狭いため取得範囲が制限され、遺跡全域をくまなく探査するには多数の測線が必要である。このことは調査費用が高額となることを意味し、我々の限られた予算範囲では現実的ではなかった。

　これに対してC3D型測深器（図1-14：C3D）は、測深と音響画像撮影機能を兼ね備えたマルチアングル広帯域測深サイドスキャンソナーで、水深の約10倍程度の横幅までの範囲のデータを取得でき、効率的な計測ができる。調査計画時点で、この機器は国内で㈱アーク・ジオ・サポートの1社のみが保有していた。予算が限られていたことから、同社の池田社長と交渉の結果、学術研究を目的としていることを理解頂き、予算内での計測が可能となった。

　調査は滋賀県立大学の林研究室が琵琶湖調査で使用している小型船「ゲンゴローⅡ」に、C3D型測深器一式を艤装(ぎそう)して実施した。

2）音波探査

　音波探査は水底下の地層内部を対象とした非破壊探査法で、1回の発振により地層境界で反射した波は受振器で波形信号として検出され、これを取得した順にトレースすると地下構造に応じた反射断面図（図1-13）が得られる。

　音波探査の原理はシンプルで、反射面までの距離zは、境界面までの音波の往復時間tと反射面までの平均伝播速度cから、$z = ct/2$で求められる。

　音波探査の探査深度と分解能は、使用する音源と分布する地層に大きく依存する（図1-17）。音波の分解能は一般的に音波の波長の4分の1程度といわれ、波長λは、音源の振動周波数fから$\lambda = c/f$で表される。音波は海中や海底下を伝搬する間に振幅が減少するため、探査深度には限界がある。高周波数帯の音源では表層部において高い分解能の記録が得られるが、固結した地層や礫層が分布するほどその下位の反射波を得ることは困難となる。

音波探査システム　今回使用した音波探査システムは、シングルチャンネルの音波探査装置と各測定装置の制御・データ収録装置としてのパソコンから構成される。音源・受振器には、送受波器を2台使用した。これは、チタン酸ジルコン酸鉛素子の圧電振動子を用いた電歪振動型の送受波器で、使用音波の周波数は3.5kHzである。船位測定は1秒間隔でGPS測位を行った。

　探査では、浅い水深部までを想定してゴムボートに機材を搭載して実施した。

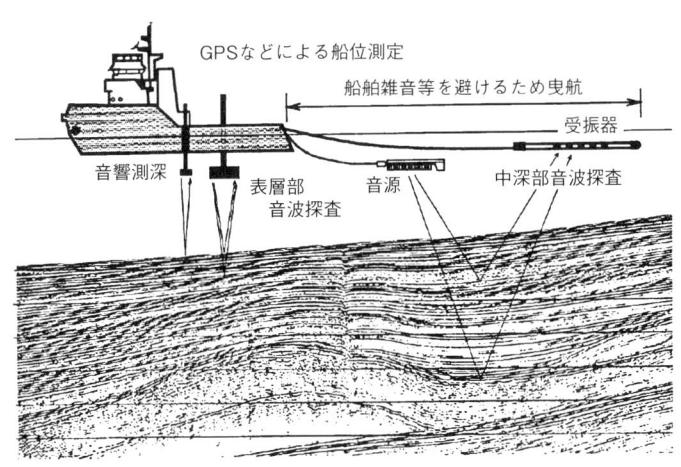

図1-13　音波探査概念図（物理探査学会 2008）

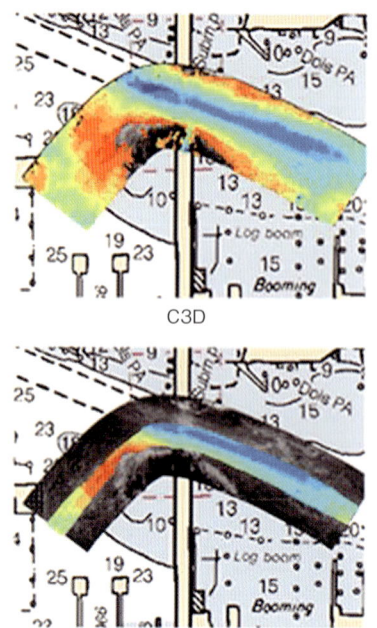
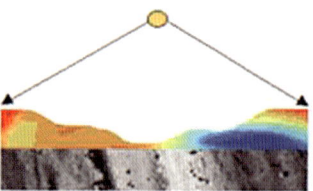

レンジ幅の設定により、浅海域でも1回の観測で広い範囲のデータを取得できる

本体からの深度により取得可能な横幅に制限が発生する

図1-14　C3Dとマルチビーム方式の比較

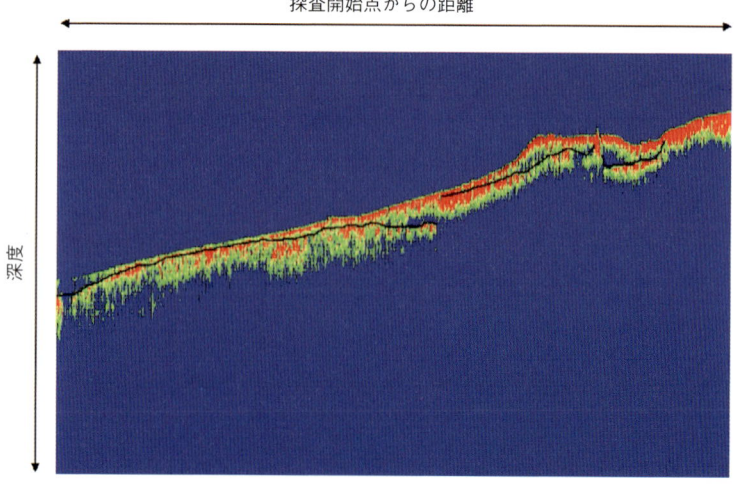

図1-15　深度情報抽出時の画像例、黒線が第一反射面　＊

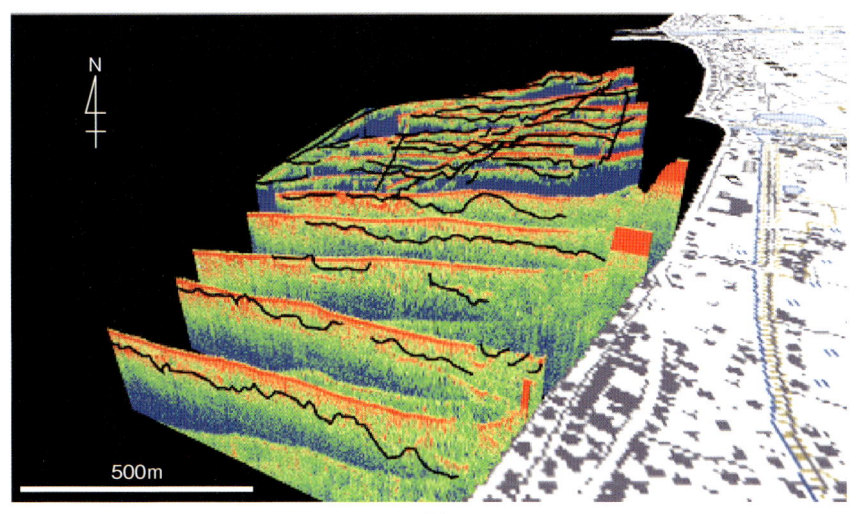

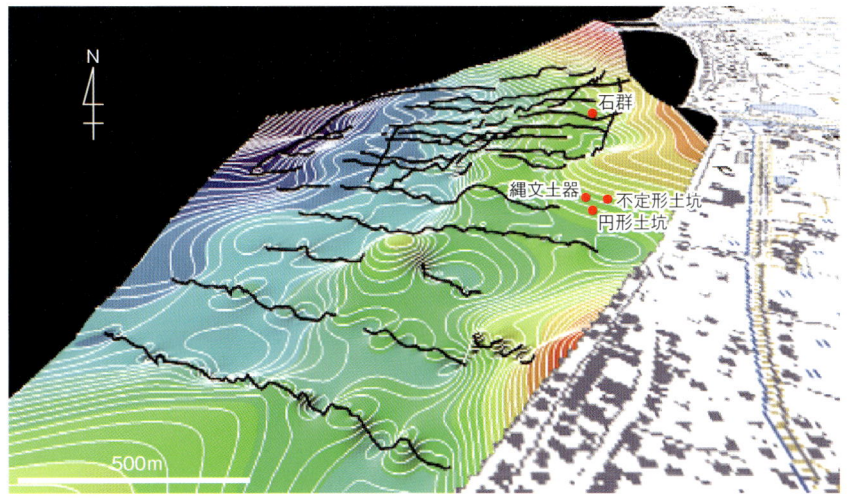

図1-16　音波探査断面から反射面上面の推定例 ＊

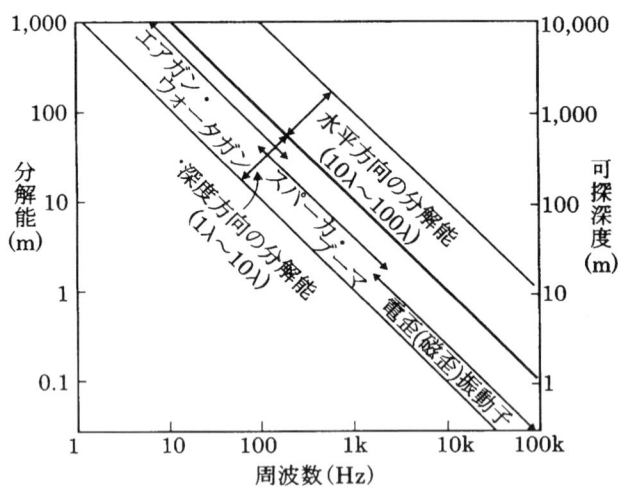

図1-17　音源の分解能と探査深度（海洋音響学会 1984）

探査結果の処理　音波探査の結果、多くの断面で湖底下1～2mの表層付近に特徴的な強い反射面が認められた。この第1反射面の上面をそれぞれの探査断面で認定・トレースし、実際の航跡に忠実に各反射点の位置情報と連携させることで緯度・経度・深度の情報をもつ点群データを作成した。

　次に音波探査断面の点群情報から反射面上面の面推定（図1−16）は、大阪市立大学大学院理学研究科環境情報学研究室で開発された三次元面推定プログラム（BS-Horizon：野々垣ほか2008）を用いた。

（原口　強）

註
1．琵琶湖の水位や汀線の変動に関するこれまでの研究については次の文献によく整理されている。
　①宮本真二・牧野厚史「琵琶湖の水位・汀線変動と人間活動—過去と現在をつなぐ視点—」（『地球環境』Vol.7　No.1　㈳国際環境研究協会　2002）
　②水野章二『中世の人と自然の関係史』　吉川弘文館　2009年　P14～P81

2．彦根市教育委員会文化財保護課三尾次郎氏のご教示による。
＊印の図は、大阪市立大学2009年度卒業の山本泰雅による作図。

第2章　三ツ矢千軒遺跡の調査

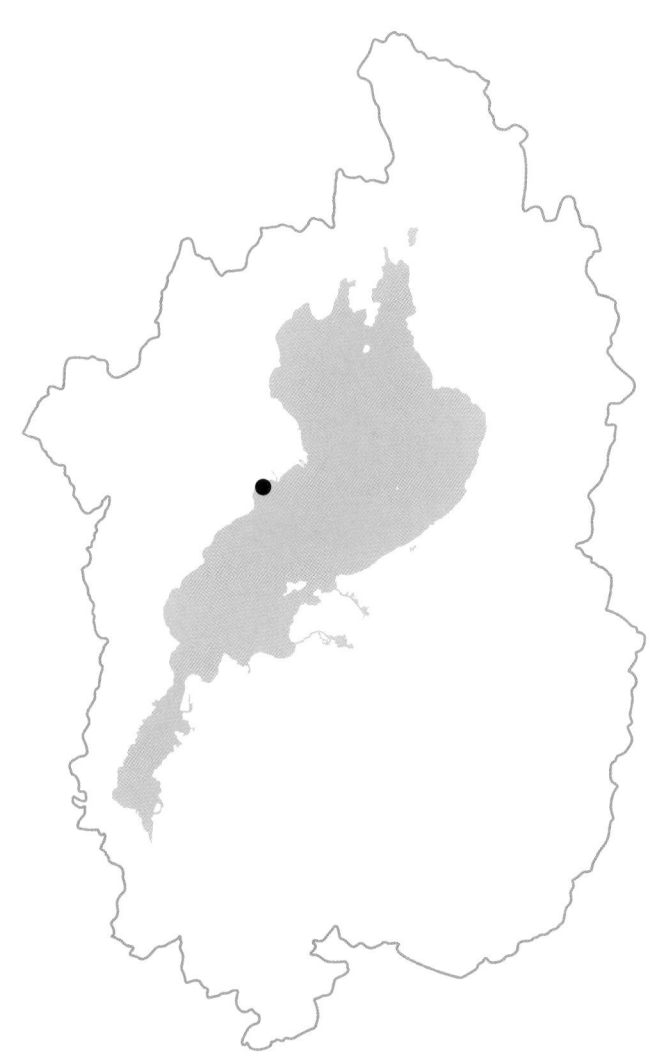

1　水没村伝承と考古学的調査

　高島市の旧高島町には「三ツ矢千軒」と呼ばれる湖底遺跡がある。この遺跡は、伝承や古老による口伝などから考証して高島市永田沖の湖底にあると判断した。林研究室による第1次調査は1997年から2000年にかけて断続的に延べ21日間実施し、その内容についてはすでに公刊している（林2003）。ここではその要点とその後断続的に調査した第2次調査結果を述べるが、第1次調査の公刊後の、他の湖底遺跡の調査による新事実や釜井・原口など応用地質学研究者との意見交換などにより、先の見解とは少し異なる点が生じてきた。それについては煩雑になるため逐一その箇所の提示については省略するが、ここで訂正して新たな考証結果とすることをご寛恕願いたい。

1）伝承資料

　三ツ矢千軒遺跡に関する伝承について、昭和2年（1927）刊の『高島郡誌』第1編第2章「町村」大溝町大字永田の項を抜粋する。

　　永田　勝野の北に在り。東湖に臨む。即ち真永浦なりと云ふ。紅葉浦又ねふ浦ともいふ。枝郷に青冷寺、鯰川あり。青冷寺は南、鯰川は北水尾村堺にあり、共に北国街道に沿ふ。青冷寺は古寺の名なるべし。其寺の事今詳ならず。鯰川は元は大三ツ矢村と称す。古、大三ツ矢、小三ツ矢とて湖辺に二村あり。大三ツ矢は船持問屋もありて、永田村より寅卯にありて、葭島より百間許も沖に在りしなり。其村址は水底に石垣一町斗もあり、石橋もあり、旱水の時は五尺許の水底なり。某年今の地に移りて鯰川と称す。小三ツ矢は青柳村大字小川の三ツ矢なり。

　この伝承によると、大三ツ矢と称する村が永田村の東北東の湖岸にあった。そこは一部陸化し葦が群生していたと考えられる「葭島」より約180m沖合に当たる。その村跡のある水底には石垣が100m強も続き、石橋もあって、水位の下がった時は約1.5mの深さである。ある時、その村人たちは現在の鯰川の地に移って、当初は大三ツ矢と称していた。元の大三ツ矢村には船持問屋もある賑わった港町であったようだ。小三ツ矢村は安曇川町下小川三ツ矢として現存する。

図2-1　三ツ矢千軒遺跡付近の明治26年（1893）頃の地形　三ツ矢千軒遺跡付近の現在の汀線は110〜120m進出している

2）第1次調査

　この大三ツ矢村推定地付近とみられる現湖岸には数年前まではホテル西びわこが存在していたが、現在はなくなっている。そのすぐ沖合には一部の人が伝承にある石垣の可能性を指摘する石塁があり、著しい渇水の時には石群の顔を出すことが知られていた。われわれの調査はこの石塁を詳細に調査することから始めた（石塁地区）。また、その南西150m付近の湖岸には土器片の散布することが知られていて（永田浜地区）、そこも合わせて調査することとした[註1]。

石塁地区の調査

　石塁は元あったホテル西びわこの沖合にL字状に存在する（図2-3）。その周辺一帯は礫や岩は全くなく、砂地が広範に広がっている。素潜りやスキューバダイビングにより湖底の状況をていねいに観察し、写真撮影やビデオ撮影、地形測量調査等を実施した。その結果、石塁は現湖岸の約50m付近から沖に向かって（南東方向）約80m延び、先端付近では直角に曲がって北東方向に約24.5m延びて終わっている。石塁のある湖底面の高さは標高82.4〜82.8mで、水面下1.6〜2.0mの地点である。石塁の先端寄り約30mは石が密に存在して原況をほぼとどめているとみられるが、陸地側約45mは石がまばらに見られる程度で、石塁がどこから始まるのか、形状はどうかなど旧状は明らかでない。浅い部分は石がすでに持ち去られたか、かなり砂に埋まっていることなどが考えられる。

図2-2　三ツ矢千軒遺跡　石塁地区（1998年頃）

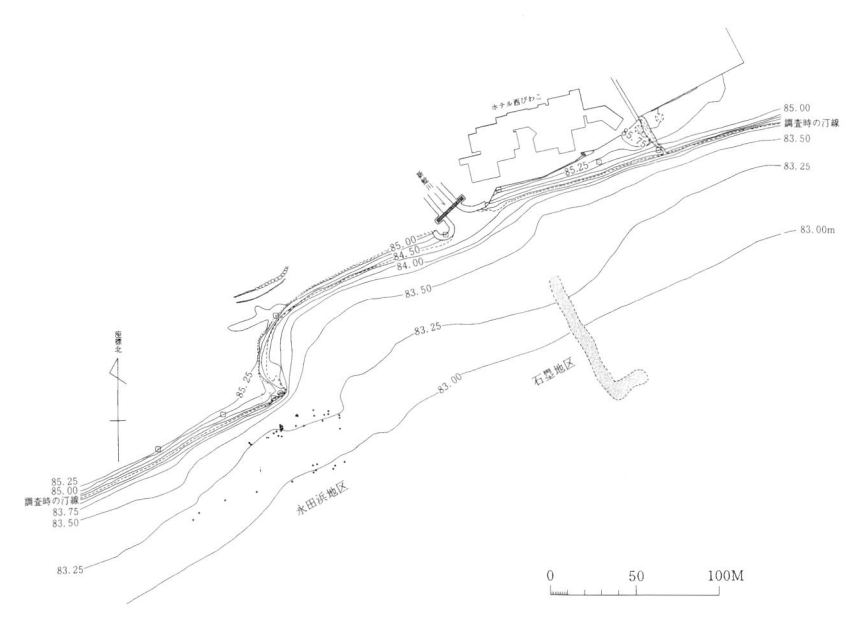

図2-3　三ツ矢千軒遺跡　石塁地区および永田浜地区の確認遺構

　石塁の幅は概して6～10m程度で、最も幅の広いところは11.5mを測る。石塁に用いられている石は大半が自然石で、80×60×50cm程度あるいは60×50×40cm程度のものが大半であるが、中には170×100×70cm程度の石も混じっている。また、石仏や五輪塔の各石が分散的に各所で認められ、石仏4、五輪塔の各石13が確認された（図2－4）。

　これらの石に方向性はなく、不規則に積み上げられた状態で、中央部がやや高く、両側面にいくほど低くなり、「カマボコ状」に積まれている。中央部の高さは0.5～0.8mである。石塁の先端寄りの概略図と各所の高さ（標高）、石造物発見のおよその位置を図に示す。また、石塁先端部のごく一部の平面実測図を掲げる（図2－9）[註2]。

　先の報告では石仏と五輪塔を一時的に船上に引き揚げ、概略図、写真撮影の後元の位置に戻した。

　これらの石造物の製作年代は15世紀末～16世紀中頃が想定される。石塁構築の際、自然の石材とともに運ばれてきて区別することなく一緒に積まれたものと考えられ、少なくともこの石塁構築年代は、この石造物の製作された時期

以降のものとすることができる。

　石塁の各所には石の間に多くの木杭が垂直に打ち込まれている。杭は直径10cm前後の自然木とみられ、0.3～1.5m程度の間隔で、等間隔ではないものの、石塁の主軸に沿って直線的にあるいはそれらが直交するような形状で打たれているところも見受けられ、石塁の構築と何らかの関連があるとみられる。これらの杭3本について放射性炭素年代測定と樹種同定を行った（表2－1）[註3]。

　この測定結果に基づくならば、スギ・マツ類のこの木杭は西暦1100～1430年頃に伐採され、さほど年代を経ずして使用されたものということになるが、石造物の示す年代とはかなりずれがあり、統一性にも欠けている。今後、この石塁に伴う他の資料の増加を待って慎重に検討する必要があるが、現時点においては、石塁の構築年代は石造物の示す年代に従って、15世紀末～16世紀中頃以降と判断しておきたい。

　これまでの伝承や口伝でいわれる、石橋やこの石塁の近くの岸寄りで見たとされる井戸枠、石塁の切れ目など、周辺をかなり丹念に潜って調査したが、砂地と水草以外何ら発見されていない。すでに砂に埋まったか、持ち去られたか、消滅したか、あるいは地点が異なっているのか、いずれかと思われる。なお、もと漁師であった古老が沖合500m前後の地点にあったという石垣については、船からロープの先にタコ足状の錨（四つめイカリ）を繋いで垂らし、石垣があればそれに錨が引っかかるよう、推定水域を数回にわたって蛇行しながら調査したが、確認することはできなかった。これについては第2次調査において対象水域をさらに絞って追求した。

永田浜地区の調査
　元あったホテル西びわこの南西に接して新鯰川が琵琶湖に流入しているが、その南西側が永田浜とされる渚である。昭和37年測図で昭和51年部分修正の国土地理院による湖沼図や平成9年9月発行の2500分の1の地図では、この浜の汀線は直線的に南西にずっと延びているが、調査時、現地では新鯰川の南西約130mの地点で大きく湾曲しながら沖合へ45m程突出し、そこからまた直線的に南西方向に延びている。この突出部の先端には大きなヤナギの木が7～8本繁っていて、この三ツ矢千軒遺跡永田浜地区の位置を示す指標となっている。地元に問い合わせたところ、このヤナギは昭和30年代にはなかったようで、その後、何らかの理由で自生し生長するにしたがい湖流が運ぶ砂に影響を及ぼして現在のように汀線を大きく沖合に進出させたものではないかといわれる。そ

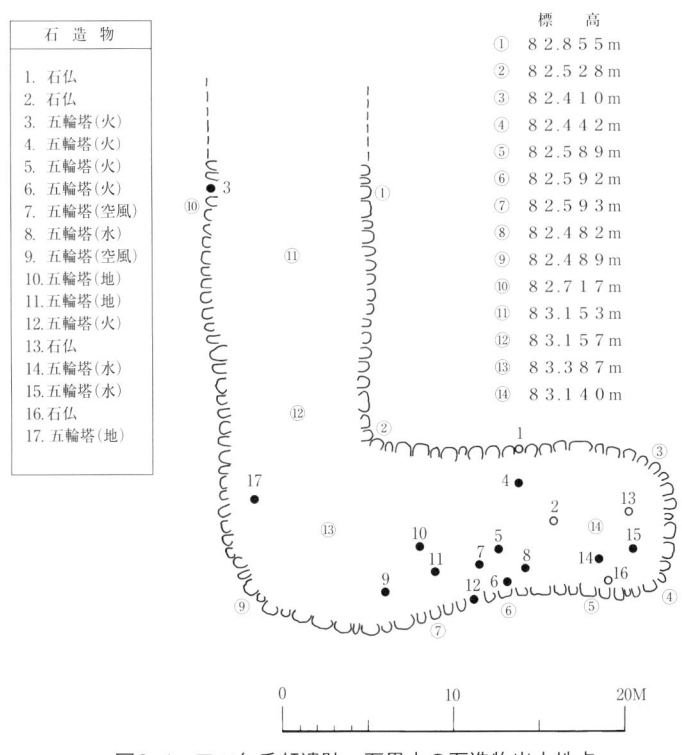

石 造 物		標 高	
1. 石仏		①	82.855m
2. 石仏		②	82.528m
3. 五輪塔(火)		③	82.410m
4. 五輪塔(火)		④	82.442m
5. 五輪塔(火)		⑤	82.589m
6. 五輪塔(火)		⑥	82.592m
7. 五輪塔(空風)		⑦	82.593m
8. 五輪塔(水)		⑧	82.482m
9. 五輪塔(空風)		⑨	82.489m
10. 五輪塔(地)		⑩	82.717m
11. 五輪塔(地)		⑪	83.153m
12. 五輪塔(火)		⑫	83.157m
13. 石仏		⑬	83.387m
14. 五輪塔(水)		⑭	83.140m
15. 五輪塔(水)			
16. 石仏			
17. 五輪塔(地)			

図2-4　三ツ矢千軒遺跡　石塁中の石造物出土地点

表2-1　石塁地区出土杭の測定年代と樹種

三ツ矢千軒遺跡石塁地区出土杭の放射性炭素測定年代

	放射性炭素年代測定		
	C14 年代 (y BP) Measured C14 Age	δ13C (permil) C13/C12 Ratio	補正 C14 年代 (y BP) Corventional C14Age
15332 MITUYA No.1	540 ± 60	− 21.3	600 ± 60
15333 MITUYA No.2	630 ± 70	− 24.9	630 ± 70
15334 MITUYA No.3	810 ± 70	− 26.3	790 ± 70

三ツ矢千軒遺跡石塁地区出土杭の樹種

	樹　種　同　定
MITUYA No.1	ス　ギ　　Cryptomeria japonica D. Don
MITUYA No.2	ス　ギ　　同　　　　上
MITUYA No.3	マツ類（五葉松類）Pinus L. Subgen. Haploxylon Koehne

図2-5　三ツ矢千軒遺跡　湖上から見た石塁

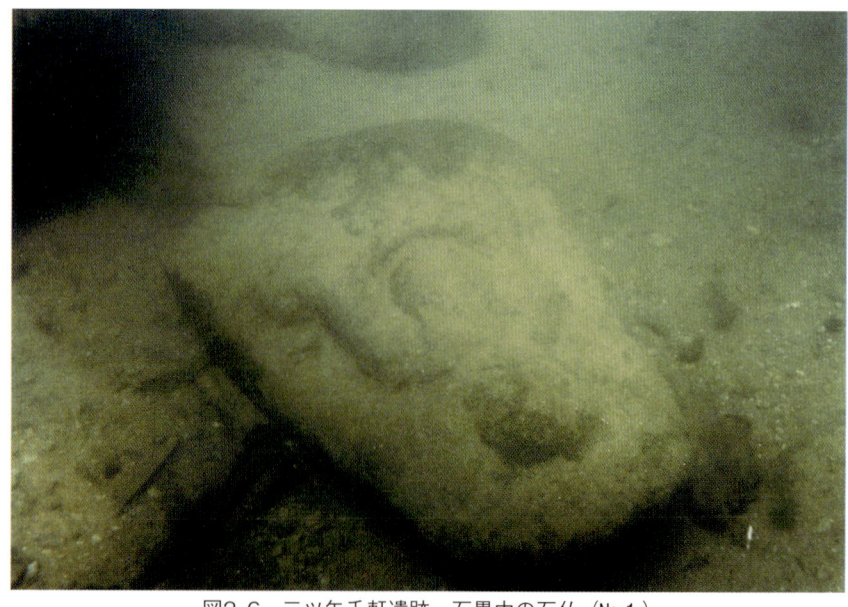

図2-6　三ツ矢千軒遺跡　石塁中の石仏（No.1）

図2-7　三ツ矢千軒遺跡　石塁中の五輪塔（火輪・No.3）

図2-8　三ツ矢千軒遺跡　永田浜地区

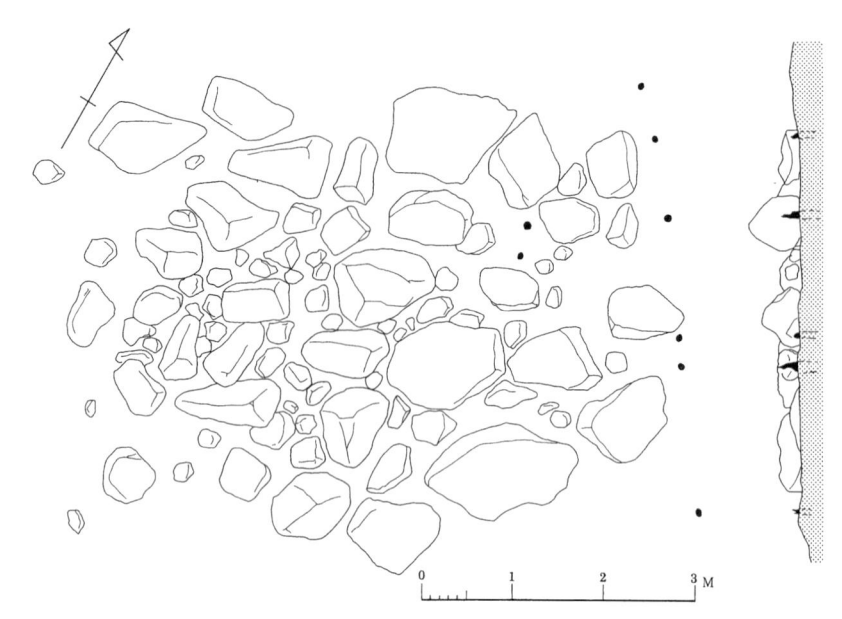

図2-9　三ツ矢千軒遺跡　石塁先端部実測図

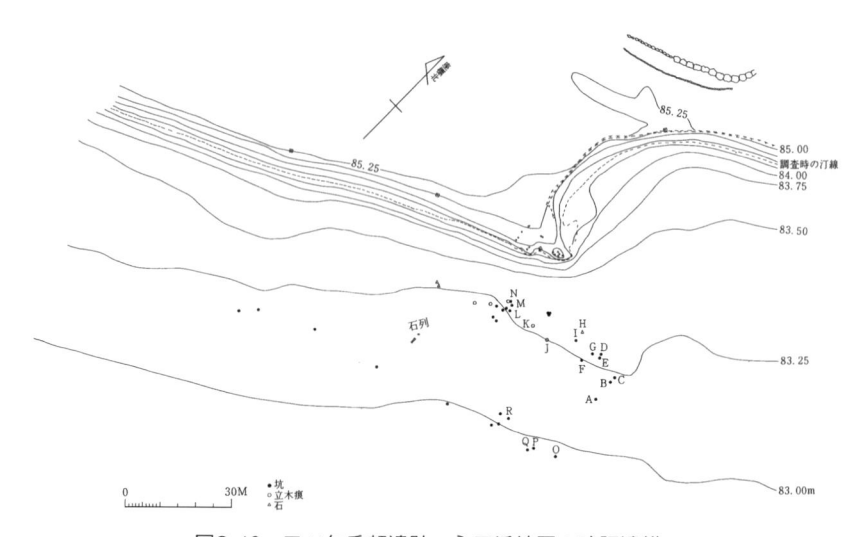

図2-10　三ツ矢千軒遺跡　永田浜地区の確認遺構

うだとすれば、ちょっとしたきっかけからわずか半世紀足らずの間に湖岸線はこのように大きく変化することが窺われる。

この永田浜の水域も遠浅が広範に広がっている。汀線付近の砂浜にも奈良時代頃から近世にかけての土器片が多く散布している。一帯の水域を素潜りやスキューバダイビングにより湖底の状況を調査し、写真やビデオ撮影、地形測量調査等を行った。調査時の水位は−15cm前後であった。一帯は一面の砂地で水草がかなり繁茂した状態であったが、先述のヤナギの立木群の沖合に人為的に打ち込まれたとみられる木杭や柱状に立っている角材、ヤナギの立木根（枯れ株）、人為的に並べたとみられる石列、単独で存在する石など

表2-2 永田浜地区 湖底で確認した遺構等の一部 （図2-10参照）

位置	種類	直径・辺長(cm)	湖底面からの長さ(cm)
A	杭	2.5	7
B	角柱	16×16	43
C	角柱	15×17	43
D	杭	4	7.5
E	杭	2	7.5
F	杭	10	4.5
G	杭	4	17
H	石		
I	杭	4	11.5
J	立木根	6	10
K	立木根	15	6
L	杭	4	9
M	杭	5	8
N1	杭	4.5	15
N2	杭	6	5
O	杭	3	15
P	杭	2.5	18.5
Q	杭	4.7	10
R	杭	4	7

が多く認められた。これらは調査時の汀線の沖約15mから沖合方向に約40mの間（南北）、東西方向に約105mの間に集中的に見られる。汀線が沖合に進出する前の汀線からは約60〜95mの沖合に相当する。それらの存在する湖底面の標高は82.8〜83.3mで、基準水位84.371mからすると、水深1.07〜1.57mの深さである。

木杭は30数本が確認された。直径2〜6cm程度で、横断面は円形に近い。いずれも未加工の木材で湖底面から4〜18cm程度突き出ていて、その先端に近い部分は腐食して細くなっている。いずれもしっかりとほぼ垂直に埋まっていて動かすことはできなかった。杭の並びに規則性は認められない。

横断面形がほぼ方形を呈する柱状の角材は2本（角柱B・C）が確認された。ヤナギ立木群横の汀線から東南東約35m付近に1.65mの間隔で南北に並んで垂直に立っている。先端付近は腐食して角はやや丸みを帯び、細くなっている。その湖底面に近い部分の大きさは、角柱Bは16×16cm、角柱Cは15×17cmを測る。いずれも湖底面から43cmほど突き出ていて、びくとも動かない。

第2章 三ツ矢千軒遺跡の調査　43

ヤナギなどの立木根は5地点で認められる。表皮がついた幹から根元にかけてのもので、横断面形が直径6cm程度の円形のものや、10×19cm、12×14cm程度の長円形のものなどが認められ、湖底面から6～9cmほど水中に顔を出している。標高83.2m前後、水深にして1.2m前後の深さで、汀線から17～22m沖合に存在する。

　人為的に並べたとみられる石列は、主要な石5～6個が東面を揃えた形で南北に並び、高さもほぼ揃っている。その全長は約3mを測り、最大の石は40×50cmほどの大きさである。この石列が単層のものか、重層的に重なって石垣状を呈するものかについては明らかではない。この石列の位置は汀線の南南東約35m、標高83.21m（水深1.16m）の地点である。

　検出されたこれらの立木根と角柱について、一部切り取って放射性炭素年代測定と樹種同定を行った。そのデータは表2-3に掲げたが、それらの存在地点については図2-10で照合さ

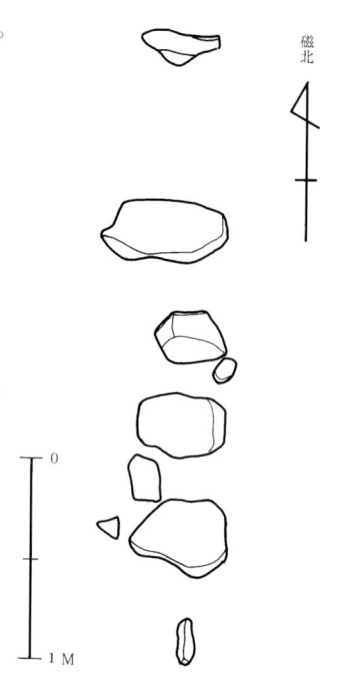

図2-11　三ツ矢千軒遺跡　永田浜地区の石列概略図

表2-3　永田浜地区出土杭の測定年代と樹種

三ツ矢千軒遺跡永田浜地区出土木材の放射性炭素測定年代

	放射性炭素年代測定			備考
	C14年代(y BP) Measured C14 Age	δ13C(permil) C13/C12 Ratio	補正C14年代(y BP) Corventional C14Age	
9405 MITUYA 1	850 ± 50	-25.8	840 ± 50	立木根（ヤナギ？）
12038 MITUYA No.C	1200 ± 50	-26.2	1180 ± 60	角柱C（コジイ）
12039 MITUYA No.J	970 ± 60	-26.8	940 ± 60	立木根J（スギ）
12040 MITUYA No.K	810 ± 60	-26.9	780 ± 60	立木根K（ヤナギ属の一種）
15456 MITUYA No.B	990 ± 60	-23.4	1010 ± 60	角柱B（クリ）

三ツ矢千軒遺跡永田浜地区出土木材の樹種

	樹種同定		備考
MITUYA No.C	コジイ（ツブラジイ）	Castanopsis cuspidata Schottky	角柱C
MITUYA No.J	スギ	Cryptomeria japonica D. Don	立木根J
MITUYA No.K	ヤナギ属の一種	Salix sp	立木根K
MITUYA No.B	クリ	Catanea crenata	角柱B

図2-12　三ツ矢千軒遺跡　永田浜地区　ヤナギの立木根検出状況

図2-13　三ツ矢千軒遺跡　永田浜地区　角柱Cの検出状況

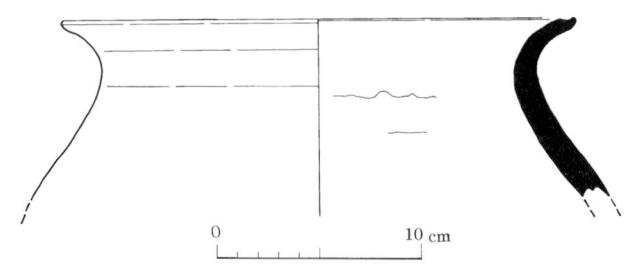

図2-14　三ツ矢千軒遺跡　永田浜地区　角柱付近出土の陶器

れたい。このデータによると、立木根にはヤナギとスギがあり、西暦1040～1280年あるいは1160～1300年頃、990～1230年頃に水没して死滅したことを示し、角柱Bはクリ材で西暦900～1170年頃、角柱Cはコジイ（ツブラジイ）で西暦690～990年頃伐採されたことを示している。年代については今後さらに別角度からの検討が必要と思われる。

【角柱付近出土の陶器】（図2-14）角柱付近の湖底面で発見した比較的大きな陶器片1点を提示する。常滑焼の甕の口頸部の焼成良好な破片で、復元口径は25.4cmを測る。色調は暗赤褐色を呈し、胎土には長石あるいは石英粒を多く含む。12世紀頃の所産とみられる。

3）第2次調査
　第2次調査は2005年から2010年にかけて断続的に実施した[註4]。そのきっかけは次の契機によるものであった。
第2次調査の契機
　地元の元漁師であった古老によると、現役で漁をしていた頃（1955年頃）、湖水は今よりずっと澄んでいて、水深7～8mほどの湖底までよく見えたという。石垣は石墨地点の沖合で北西方の湖岸から800m程度、北東方の湖岸から500m程度の沖合、水深7mほどの地点にあって、ほぼ東西方向に50mほど続き、何段か間知積みで積まれていて南側に面を有していたという。1955年頃漁の途中、整然と積まれたその石垣を見た沢田氏はこの不思議な光景に背筋がゾクゾクしたと語っている。2005年4月23日、かつて石垣を見たという荒木良弘氏（1927年生まれ）と沢田又一氏（1933年生まれ）に調査船に乗っていただき、その地点をご教示いただいた。漁師は自船の位置を確認する場合、目印とする陸地

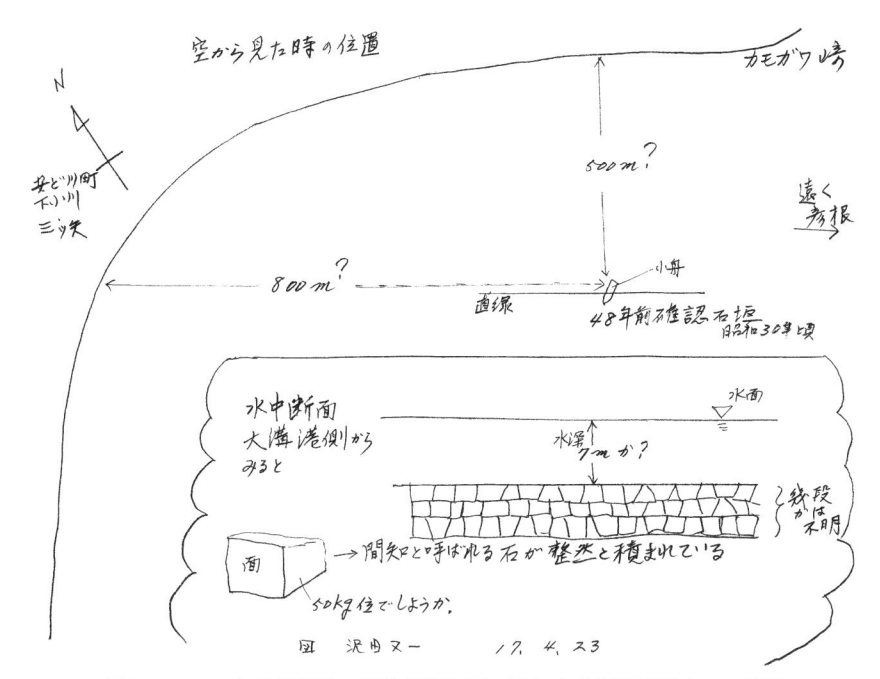

図2-15　三ツ矢千軒遺跡　元漁師沢田又一氏による湖底石垣イメージ図

の複数の地点を目測して確認するといい、二人の指示するとおりに船を動かし、ほぼここという地点にブイとロープを付けた重りを下ろした。GPSで測ると、N35°17.387′、E136°01.964′、重りを付けた巻尺で水深を測ると8.0mであった。沢田氏はその時の記憶を図にしたためて提示された。この石垣についてはこの二人以外にも何人か見たという人がいて、ほぼこの地点かもう少し陸地側ともいわれ、石垣は4～5段あったともいい、ところどころ崩れていたともいわれる。

　こうした証言から、沖合400～800m付近で潜水調査を行うこととした。また、2009年・2010年には三次元サイドスキャンソナーの高精度測探調査による詳細湖底地形図から異常地形を示す地点を選定して、潜水調査を実施した。

第2次調査の概要
　第2次調査は沖合400～800mの広範な水域において、断続的に延べ20日にわたって実施した。水深4～5m付近から深度を増すごとに水草が次第に減少

第2章　三ツ矢千軒遺跡の調査　47

してくるが、湖底には今度は浮泥の堆積が増してきて、厚さ10cm以上にも達し、場所によっては30cmほどの厚さを測るところもある。このため、本来の湖底面を目視することはできず、湖底面に触れるとたちまちその浮泥が舞い上がって視界をさえぎることになる。後述するように、石材等がいくつか発見された。上部がわずかに顔を出しているものもあったが、ほとんどが浮泥に覆われてい

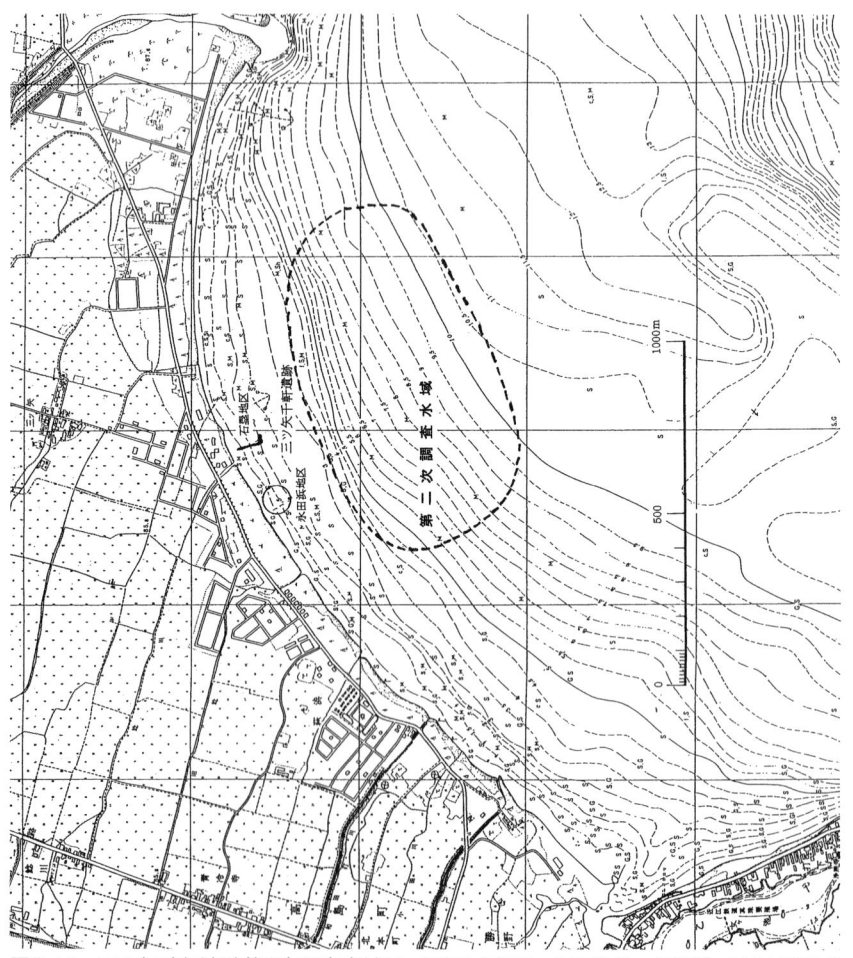

図2-16　三ツ矢千軒遺跡第2次調査水域図　昭和37年測量、昭和51年一部修正の国土地理院作成の湖沼図による。水位の基準は84.547m＝明治38年以降昭和29年にいたる50年間の平均水位

て目視のみで石材を見つけだすことは困難であった。このため、ダイバーは長さ40～50cmの細長い金属棒で湖底を突き刺し、石材等の有無を確認しながら探査を続けざるを得なかった。

　三次元サイドスキャンソナーの詳細湖底地形図は10cmコンターで地形が表現されていて、地形の凹凸が明瞭に示される。この地形図の異常地形地点を選定し、その地点の示す国土座標に沿ってその周辺を潜水調査した。

　このように地道に調査を続け、目的の石垣等は発見できなかったものの、割石とみられる石材が広範な地点に散在している状況と土師器1点を確認することができた。

石材　位置を具体的に図示することはできなかったが、a～fの6地点において、散在する状態で十数個の石材を確認した。これ以外にも記録にとどめてはいないが、石材は各所に点在し、沖合約800m、水深約10mの地点でも確認している。石材の多くは花崗岩とみられる。

　a．沖合約500m、GPSによる国土座標はN35°17.984′、E136°01.947′、水深7.25m地点付近で4個の割石が散在する。大きさは21×25以上×15cm以上の角ばった石、36×33×16cm以上の丸みを帯びた石などである。

　b．N35°18.019′、E136°01.977′、水深7.48m地点で人為的に据えられたようにみられる3個の角ばった石である。2石は西面を揃えるように、互いの面を接して埋まっており、北側の石は上面が平坦である。これらの石の東約0.5m離れてもう1石が面を揃えるように埋まっている。

　c．沖合約430m、N35°18.024′、E136°01.939′、水深5.8m地点で28以上×18cm以上の割石である。すぐ横で土師器皿を発見した。

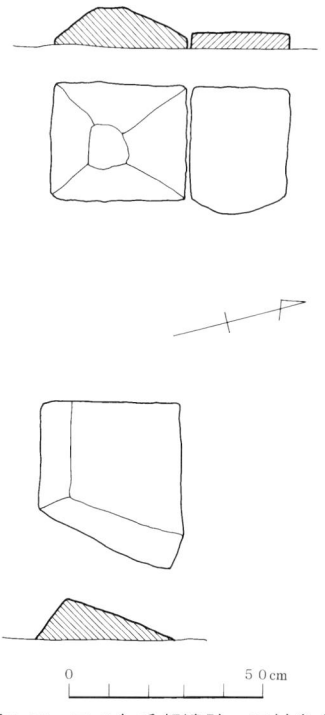

図2-17　三ツ矢千軒遺跡　石材出土状況概略図（b）

d．N35°18.032′、E136°01.947′、水深6.6m地点。75×20cm程の割石である。

　e．N35°18.096′、E136°01.994′、水深7.2m地点。40×40cm程の割石2個である。

　f．N35°18.014′、E136°01.915′、水深6.7m地点。37×40×20cm、35×34cm程の２つの割石が並んであり、少し離れて42×40×10cm以上の割石があった。

　これらの石材が何を示すものか明確にはしえなかったが、自然堆積による湖底地形の形成過程でもたらされた石材ではないと考えられる。

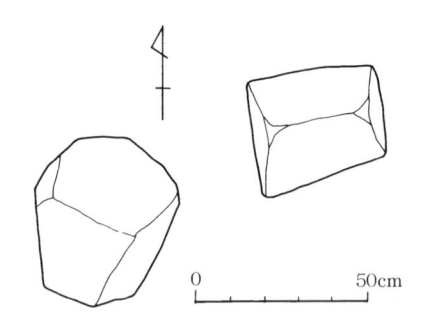

図2-18　三ツ矢千軒遺跡　石材出土状況概略図（f）

出土土師器（図2-19）　C地点の石材のすぐ横で発見されたものである。小型土師器皿でAbないしJタイプとされるものである。2分の1弱が欠失する。口径9.6cmを測る。中心部に直径1.4cmの円孔が穿たれている。色調は、湖底にあったため変色の可能性はあるが、灰褐色を呈する。12〜13世紀の所産とみられる。

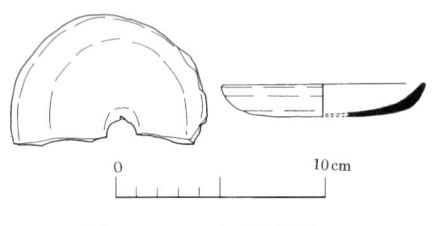

図2-19　三ツ矢千軒遺跡　石材（c）横出土の土師器

石塁中の石仏・五輪塔（図2-20）　第1次調査で確認した石塁中に置かれている石仏1点と五輪塔各種各1点を、今後の調査・研究等のため取り上げた。その実測図と若干の説明を加える。

　a．石仏　定印を組む阿弥陀仏とみられる半肉彫りの坐像である。像高は24.4cm。全体を祠様に成形し、頂部は屋根形に造る。下部および背面は未調整。総高は58.4cm、最大幅は下端にあって、38.0cmを測る。最大厚13.6cm。

　b．空・風輪　底部に柄を造りだす。高さ25.3cm、最大径17.0cmを測る。

　c．火輪　頂部に柄穴が穿たれる。幅は27.5cm、高さは17.7cm、軒の厚さは5.3〜5.7cmを測る。

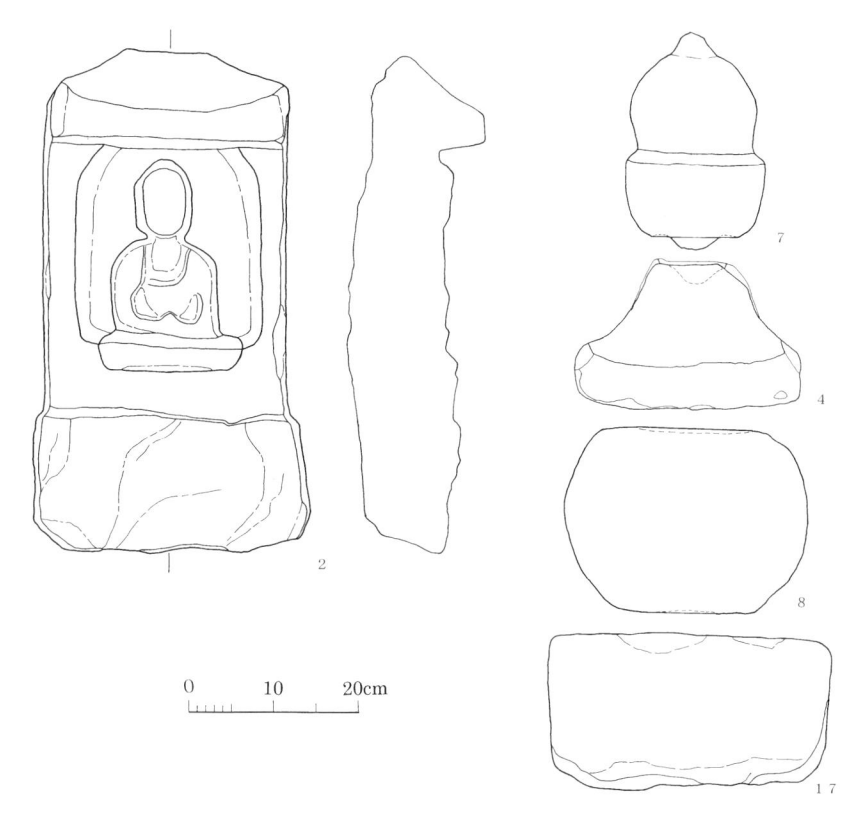

図2-20　三ツ矢千軒遺跡　石塁出土の石仏・五輪塔　番号は出土地点図（図2-4）の番号に符合

　d．水輪　高さ21.7cm、最大径29.7cmを測る。
　e．地輪　幅34.7cm、高さ18.5cmを測る。
　石仏および五輪塔は15世紀末〜16世紀中頃の所産とみられる[註5]。
　また、これらの石仏と五輪塔の空・風輪、水輪、地輪は長い大きな長石を含まない、白雲母花崗岩、火輪は細粒黒雲母花崗岩でいずれも比良山系産出のものとみられる[註6]。

（林　博通）

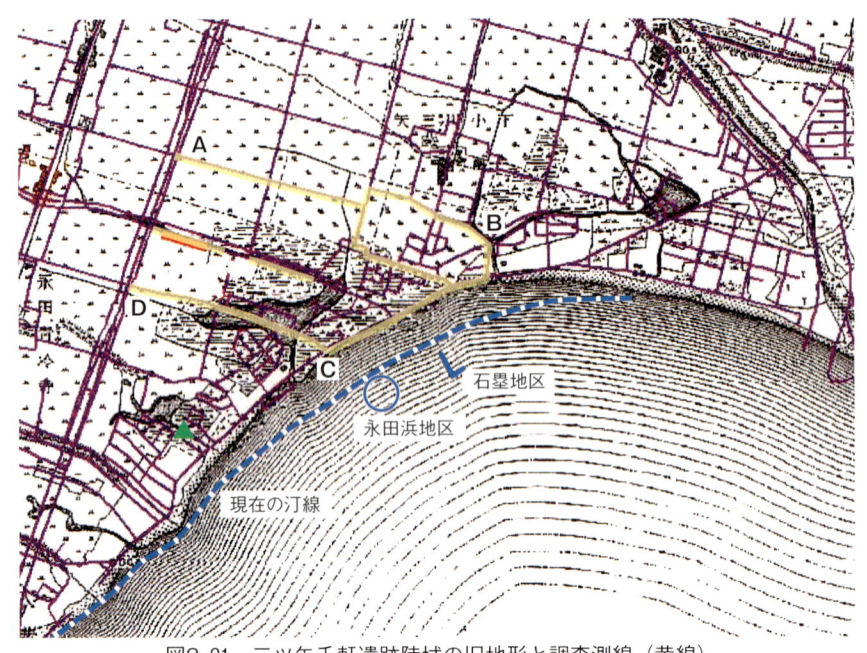

図2-21　三ツ矢千軒遺跡陸域の旧地形と調査測線（黄線）
　　　　A～Dが図2-22の範囲。

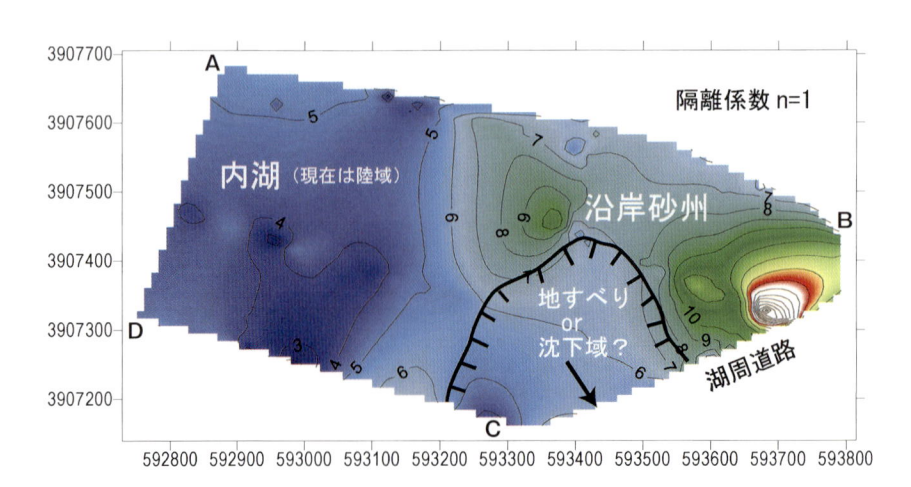

図2-22　三ツ矢千軒陸域の2m深比抵抗分布（UTM座標）

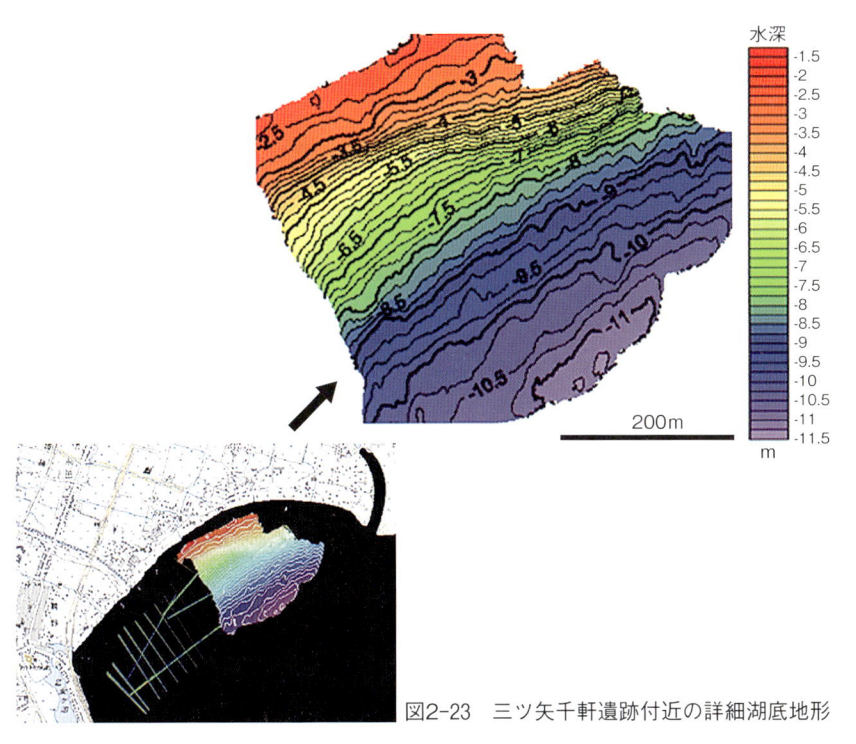

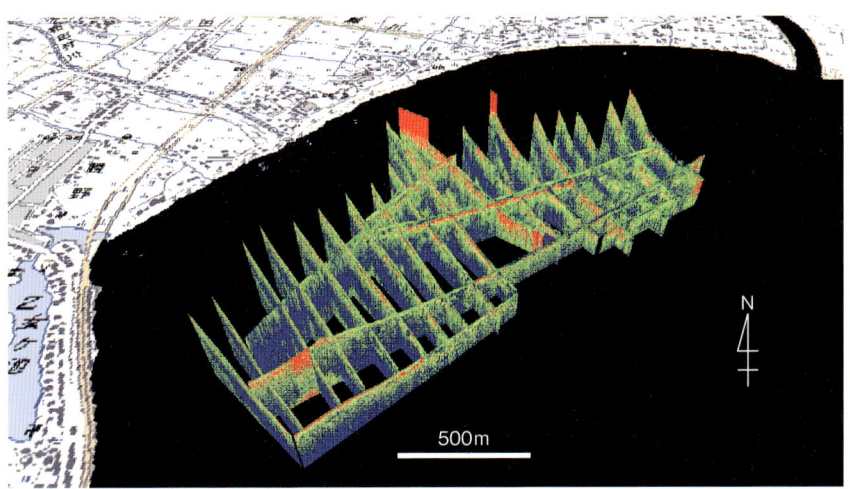

図2-23　三ツ矢千軒遺跡付近の詳細湖底地形

図2-24　三ツ矢千軒遺跡付近の音波探査断面のパネルダイヤグラム ＊

第2章　三ツ矢千軒遺跡の調査　53

2　陸域の地盤構造

　尚江千軒や下坂浜千軒に比べて、三ツ矢千軒の位置ははっきりしていない。そこで、沿岸域の地質構造を広範囲にわたって調べるため、オームマッパーによる比抵抗分布調査を行った。図2-21の黄色のラインは、旧判地形図（1893年）上で測線の位置を示している。

　図2-22は湿地化した沿岸砂州を含む地域の深度約2mにおける電気抵抗（比抵抗）の分布を示している。座標値はUTM座標である。この図では、内湖側は概ね低比抵抗すなわち、泥の多い地盤と考えられる。一方、湖岸に近い部分では高比抵抗で砂分の多い地盤（砂州）であることを示している。すなわち、この地域の地盤は、基本的には尚江千軒地域と同様に、砂州と内湖のシステムで構成されている。

　もう少し詳細に見ると、砂州内部においても比抵抗の分布は複雑で、高比抵抗部（砂州）の内部に低比抵抗部（泥の多い地盤）が入り込んでいる状況が認められた。この砂州内部の低比抵抗部は、旧判地形図において、沿岸砂州の一部が湿地化（水域化）した部分に連続し、湖底遺跡の範囲はほぼこの低比抵抗部の沖合に相当する。

遺跡の成因

　砂州の一部が低比抵抗化した原因としては、低比抵抗部の形状から考えて、局地的な沈下が最も有力である。この地域では、1662年の寛文地震によって広範囲で地変があったことが知られている。遺跡の陸側に認められた沈下域もこの地震に関連する可能性が高い。すなわち、寛文地震の際、液状化か地すべりによる地盤沈下が発生し、三ツ矢千軒遺跡が形成された可能性が高いと考えられる。

（釜井俊孝）

3　湖底の地層探査

1）湖底地形とその特徴

　想定される遺跡の主に北半部を計測し、その水深データから2mメッシュの水深データを作成し、これをもとに25cmごとの等深線による湖底地形図を描い

た（図2-23）。これをみると、①湖岸付近の水深3mまでの棚状地形、②水深9m付近までの傾斜がやや急な湖岸斜面地形、③9mより水深11mまでは沖合緩傾斜地形、の三つの湖底地形に区分できる。全域で等深線は単調で、目立った等深線の乱れや凹凸地形はみられない。

2）音波探査結果

　音波探査では詳細湖底地形計測範囲の南西側を広くカバーすべく、遺跡の想定範囲を含む地域において岸沖方向の測線とこれに斜交する測線を設けた。探査結果をもとに、音波探査断面のパネルダイヤグラム（図2-24）を作成した。

　湖底下にみられる第1反射面の上面をもとに全域の第1反射面上面分布（図2-25）を推定してみると、沖合緩傾斜地形の地下で1m程度の起伏が推定される。

3）小結

　湖底地形は、全域で等深線が単調で目立った等深線の乱れや凹凸地形はみられず、遺跡の範囲を特定することはできない。音波探査の第1反射面上面分布（図2-25）から沖合緩傾斜地形の地下で1m程度の起伏が推定され、表層はぎ取り後の旧湖底地形（図2-26）からMⅠ～MⅢの凹地形とMⅣ～MⅤの凸地形が不明瞭ながら認定される。

　一方、遺跡の一部とみられる石材や土器（図2-17～図2-19）などが水深9m付近までのやや急な湖岸斜面に確認されている。

　以上のことから、湖岸にあった三ツ矢集落が地すべりなどによって水中に没したと考えられるものの、その範囲を特定するためにはさらに詳細な調査が必要である。

（原口　強）

図2-25　音波探査の第1反射面上面分布　*

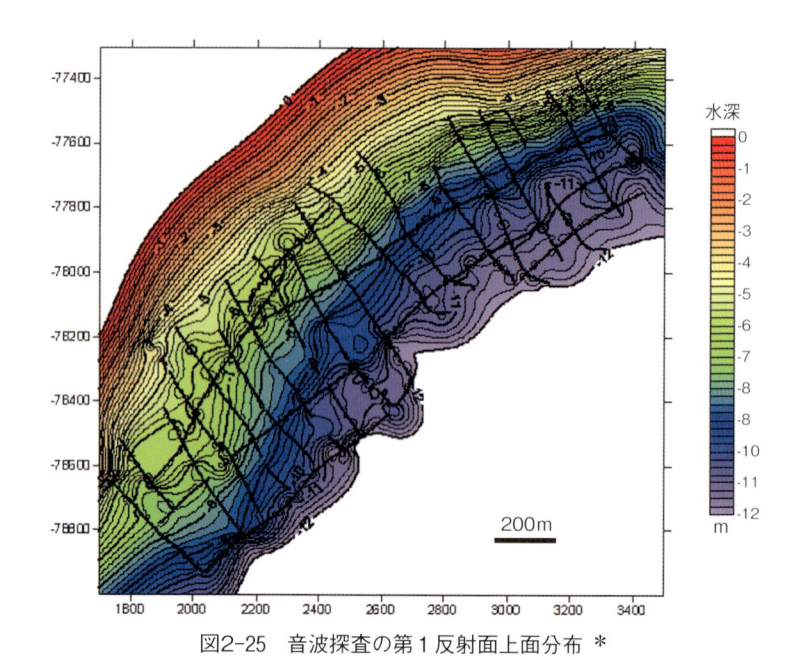

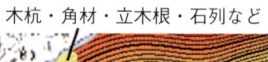

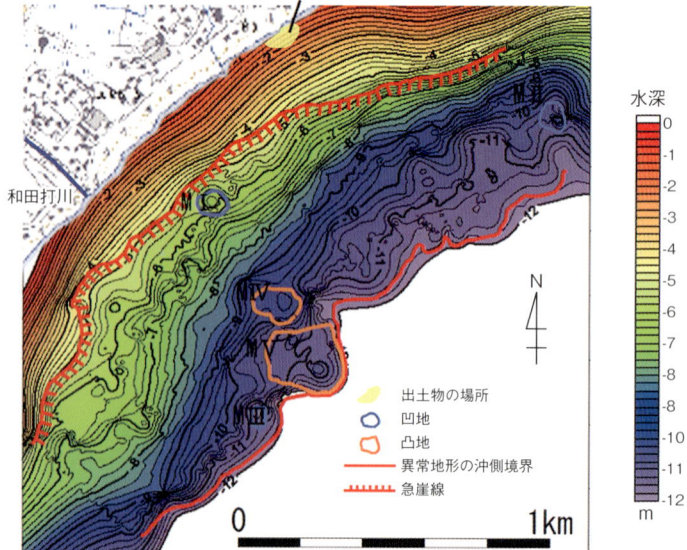

図2-26　三ツ矢千軒遺跡付近、表層はぎ取り後の旧湖底地形　*

4 まとめ

1）共同研究による調査結果

　林による考古学的調査結果と釜井による湖岸陸上部、原口による湖底での応用地質学的調査結果を合わせて検討すると、次のように結論することができる。

　水面下1.1m～2.0mにある石塁や角柱、立木根（枯れ株）、木杭など浅位部の遺構については、釜井の調査結果と照合すると、地震動による液状化か地すべりによる地盤沈下によって陸上にあったものが湖底に没したと判断される。また、第2次調査によって確認された、沖合400～800m、水面下6.6～8.0mの地点の石材群は、原口の調査による②やや急な斜面地形に相当する地点に当たる。このやや急な斜面地形から水深11mまでの緩斜面地形にかけては、不明瞭ながら地すべり特有の凹地・凸地が認められており、この石材群は大地震に伴う地すべりが生じた際、元来あった場所から発見地にもたらされたものと判断される。

　それでは、これらを生じさせた大地震について検討してみる。

　一帯の湖岸近くには奈良時代から江戸時代にかけての土器片が多く散布していて、これらの遺構の年代を特定することは難しい。石塁の用途については明らかにはしえないが、石塁を構成する石造物の年代が15世紀末～16世紀中頃であるため、それ以降の所産と判断され、これらの水没した時期はそれ以降と考えられる。

　また、第2次調査の石材cのすぐ横で発見された土師器皿は12～13世紀のもので、第1次調査の永田浜地区の角柱付近で発見された比較的大型の常滑焼の甕の破片も12世紀頃の時期のものである。さらに、永田浜地区の放射性炭素年代測定で得られた年代のうち、角柱は古材を利用したとみて、水没に直接かかわる立木根3本のほぼ共通する年代は11世紀～13世紀で、傾向としては12世紀後半頃の年代を暗示している。

　こうしたことから、確定は難しいが、この地盤変動については16世紀中頃以降と12～13世紀頃の二つの時期を考慮する必要があるように思われる。

　これらの時期に、この地域に大きな影響を与えた大地震としては寛文2年（1662）の大地震（推定M7.25～7.6）と元暦2年（1185）の大地震（推定M7.4）がある。

2）絵図からの検討

　地元には江戸時代に作成された絵図がいくつか残されていて、当時の湖岸の状況がよく示されている。そのうち、寛文2年（1662）の大地震前の承応4年（1655）の絵図と大地震後の元禄元年（1688）の絵図を比較検討してみよう[註7]。

Ⓐ　承応4年（1655）作成の千石組絵図（写）（図2-27）…千石組とは高島郡大溝町の新町組・舟組・中西組・福井組と打下村、石垣村の六カ村の石高千余石の地域を一郷とした呼び名で、この絵図はこの一郷と他の地域、郷内各村々の境界を詳細に示した村絵図である。

Ⓑ　元禄元年（1688）作成の永田村船持勘兵衛と大溝町三之丞との鯲場船溜出入りの相論裁定絵図（写）（図2-28）は、葦刈場の相論もからんでいて、湖岸線はその必要から特に具体的に描いたものと思われる。

①　元禄元年時点ですでに「鯰川」の村が存在するということは、高島郡誌の大三ツ矢村の伝承に基づく限り、この時点以前に大三ツ矢村から移住して鯰川集落を形成していたことを示し、元禄元年（1688）以前に大三ツ矢村は水没したことを裏付けるものである。

②　ⒶⒷの絵図の湖岸を比較検討すると、Ⓐの整然とした大溝城北側の舟場周辺はⒷでは大きく崩れて荒れた様相となっている。Ⓐの水田地帯がⒷでは内湖

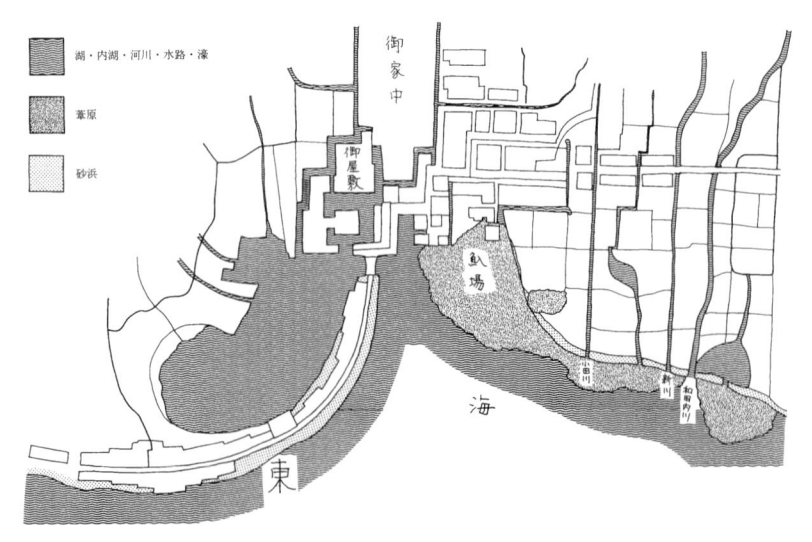

図2-27　承応4年（1655）千石組絵図（写）打下区有文書から作成（部分）

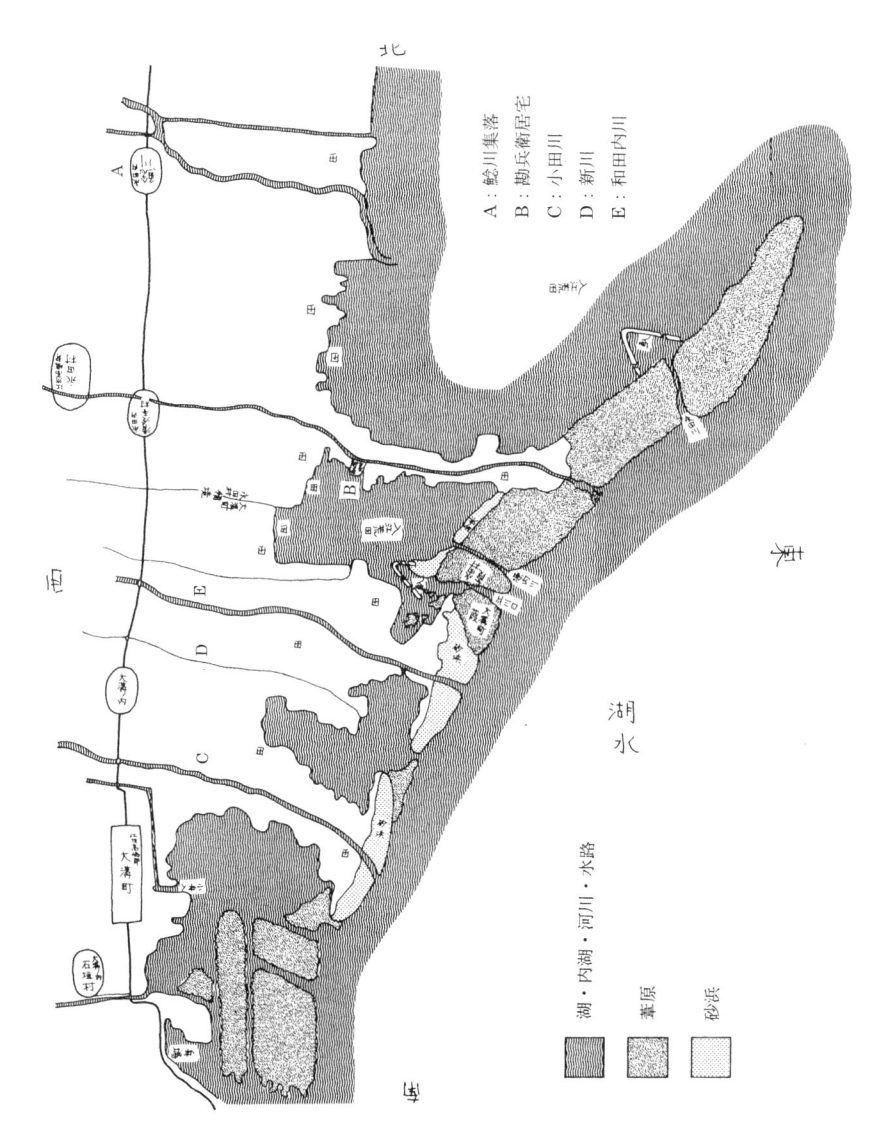

図2-28　元禄元年（1688）永田村・大溝町魞場船絵図　三矢朗家文書：高島市歴史民俗資料
　　　　館保管から作成（部分、A～Eの記号は林が追加）

A：鯰川集落
B：勘兵衛居宅
C：小田川
D：新川
E：和田内川

状の入江がいくつも大きく描かれ、その内湖状に描かれたところには「入江荒田」「田」の文字が記されている。これは元は水田だったところが冠水したためにこう記されたものと考えられる。Ⓐの小田川―和田内(打)川間の湖岸付近は砂浜に接してすぐ水田となっているが、Ⓑでは大きな入江が生じている。

③　冠水して入江となった水田、特に大溝町と永田村の境界に位置する入江は元禄元年頃はすでに魞を設置して漁が行われたり、船溜としても利用され、それらが相論に発展するほど生活に密着した環境になっていたことを示す。この入江の奥の永田村領地の水際には相論の当事者勘兵衛の「勘兵衛居宅」が示されている。

④　これらの絵図に描かれた内容から、承応4年(1655)から元禄元年(1688)の間に大規模な水位の上昇か地盤沈下が生じたことが窺われる。これらとは別に元禄3年(1690)に作成された船木北浜村・南浜村・横江浜村小物成場絵図によると、太田領・北浜村(北船木)・南浜村(南船木)の湖辺や横江浜村の内湖側に小物成(雑税…川役、葭役、魞役など)場が示されていて、太田村と南浜村の湖岸の小物成場のところに注記がある。それは「以前の湖岸道や小物成場は水没して湖の中になってしまったため、道を付け替え、小物成場の位置をこの図のように替えるが、水が引いたら水位に従って元の位置に戻す」旨のことが書かれている。この頃、安曇川河口周辺の湖岸一帯は明らかに水没したことが判明する。

　ただ、これらの絵図の変化を見比べると、Ⓑの入江の状況はⒶの段階から水位が単に上昇したとみるにはいくつかの不自然さがある。すなわち、大溝町・永田村境の入江の奥まった地点には勘兵衛の船持問屋があり、多くの船の航行ができるほどの水深があったとみられる点、大溝城に接する湖岸が大きく乱れている点などで、これらは地盤沈下により生じたとみる方が自然である。

　ⒶⒷ二つの絵図の作成された時期の間には寛文2年(1662)の大地震が生起している。

3）当該地に大きな被害を与えた大地震

寛文2年(1662)の大地震　寛文2年5月1日午刻(1662年6月16日午前11時頃)に発生した。推定M7.25～7.6。推定震源地は滋賀県高島市上音羽あるいは大津市志賀町北小松の沖合約2km。近畿地方における過去最大の地震といわれ、被害を及ぼした地域は山城・大和・河内・和泉・摂津・丹後・若狭・近江・美

濃・伊勢・駿河・三河・信濃で、なかでも比良岳付近の被害が甚大であった。『玉露叢』などの史料によると、志賀・唐崎で田畑85町余が揺り込み（湖中に？）、潰家1570、高島の大溝で潰家1020余、死者37人、彦根で潰家1000、死者30余などとされる。彦根城・膳所城・小浜城・伏見城ほか多くの城の石垣や櫓・塀などに被害があった。三方五湖久々子湖で約3m、水月湖東部気山川河口で3〜4.5m隆起。福山・江戸でも感じたといい、合計で死者880余、潰家約4500とされる（大長ほか1982）。

元暦2年（1185）の大地震　元暦2年7月9日午刻（1185年8月13日午前11時頃）に発生した。推定M7.4。推定震源地は京都市山科付近。主要な被災地は近江・山城・大和で、京都の被害は特に大きかった。中でも白川周辺の法勝寺では九重塔が大破して倒潰し、阿弥陀堂や南大門などが転倒している。尊勝寺では講堂・西門ほかが、最勝寺では薬師堂・築垣が倒れている。比叡山では多くの堂舎が倒潰し、三井寺でも被害があった。伝聞として、元来南に流れるべき琵琶湖の水が北流し、水面が下がったといい、近江の水田3町（約3ha）が裂けて淵となったと公卿中山忠親の日記『山槐記』に記録される（宇佐見2003ほか）。

4）結び

こうした調査・検討の結果、三ツ矢千軒遺跡で確認された遺構・遺物が現在湖底に存在する理由、すなわち、この湖底遺跡の成因は、現状では寛文2年（1662）地震による液状化・地すべりによって湖底に没した可能性が最も高いと判断される。

しかし、12〜13世紀頃の遺物の出土も寛文2年の地震で同時に湖底にもたらされた可能性は十分考えられるものの、元暦2年地震の影響も一応留意しておきたい。

（林　博通）

註

1．第1次調査参加者：宇都寿幸・吉田一子・才本佳孝・服部美紀(1998年度卒)、三木章・桑島心(1999年度卒)、羽生由喜子(2000年度修士終了)、泉真吾・上谷篤史・杉村知子・山田茂之・浜田宏明・石口和男(2000年度卒)、宮脇史朗・田川智子(2002年度卒)

2．この実測図は観測史上最低の水位（−123cm）を記録した平成6年(1994)9月に、

延べ4日間、次のメンバーが測量調査を行った結果の一部であるが、メンバーの承諾を得て掲載させていただいた。

　　畑中英二・神保忠宏・重岡卓(滋賀県文化財保護協会)・中村智孝(草津市教育委員会)・山本孝一・水谷香代子(浅井町教育委員会)・宮内明子(仏教大学学生)・平田恵美(天理大学学生)…所属はいずれも当時のもの

3．石塁地区および永田浜地区の木材の樹種同定は琵琶湖博物館総括研究員(当時)布谷知夫氏に依頼した。

4．第2次調査参加者：田川智子・石塚潔子(O.B.)、石田雄士(2007年度修士終了)、中川亜樹・安田美加・野木直人(2006年度卒)、三輪純子(2007年度卒)、大沢永治・高橋朋美(2008年度卒)、青木大幸(2009年度卒)、早川博規(2009年度4回生)、北川遼・中川永・下山貴生(2010年度卒)、仲田周平(2010年度3回生)、大西遼(2010年度2回生)

5．長浜城歴史博物館長(当時)中井均氏の有益なご教示を得た。

6．兵庫県立大学自然・環境科学研究所准教授・先山徹氏の鑑定による。

7．これらの絵図による湖岸地形の変化についてはすでに次のような検討がなされている。
　①内藤登「湖西の古絵図─湖岸地形の変化をみる─」(『文化財教室シリーズ』46　㈶滋賀県文化財保護協会　1981年)
　②内藤登「特別展『湖西の古地図』余話─高島郡南部湖畔の沈下─」(『安曇川文芸会館ニュース』第9号　1981年)
　③林博通「琵琶湖湖底遺跡の研究─三ツ矢千軒遺跡の調査─」(『環琵琶湖地域論』思文閣出版　2003年)

＊印の図は、大阪市立大学2009年度卒業の山本泰雅による作図。

第3章　尚江千軒遺跡の調査

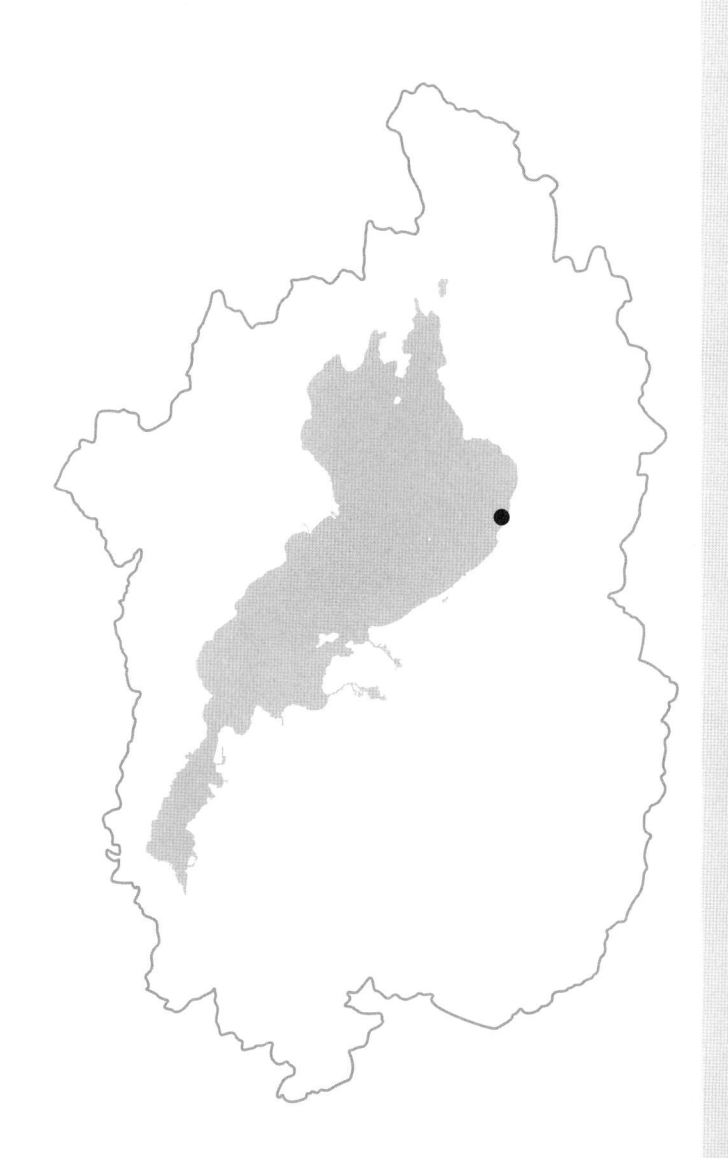

1　水没村伝承と考古学的調査

　この遺跡は米原市朝妻筑摩の沖合に存在する。この遺跡には伝承や口伝があって、現在、それらにも深くかかわる筑摩神社もその湖岸に鎮座している。水没村等の推定水域の第1次調査は1998年から2003年にかけて断続的にスキューバダイビング調査・素潜り調査・ロボット調査・平板測量調査・聞き取り調査などを実施し、その内容についてはすでに公刊している（林2004）。ここではその要点とその後断続的に実施した第2次調査結果を述べるが、第1次調査結果刊行後の、他の湖底遺跡の調査による新事実や伝承資料の評価、釜井・原口など応用地質学研究者との情報交換などにより、先の見解と少し異なる点はここで訂正して新たな考証結果としたい。

1）伝承資料

　『近江国坂田郡志』中巻（坂田郡役所編　1913年）や『改訂近江国坂田郡志』第1巻（坂田郡教育会編　1941年）、『滋賀縣史』第1巻、『改訂近江国坂田郡志』第3巻上（坂田郡教育会編　1943年）、『改訂近江国坂田郡志』第4巻（滋賀県教育会編　1942年）などに尚江村や西村（西邑）という村が大地震で湖中に沈んだとする伝承を載せている。これらをまとめると、およそ次のようになる。

　「古、筑摩の北西に尚江村と称する大村があった。この村は1000余戸を有していたが、正中2年10月21日（1325年12月5日）の夜、大地震のため中島神社と30余戸を残して全部落陥落して湖中に没したという。風浪のない日、湖中を覗くと井戸跡を数多く見ることができる」。また、「筑摩神社に所蔵される絵図には西村（西邑）と神立という村が描かれているが、それも今は見られない。地元民は筑摩神社の鳥居が8町の沖合に沈んでいて、漁師が網を打つと引き上げることができない場合もしばしばあったという」。

　また、筑摩神社には先の伝承にもある古絵図と古文書『筑摩大神之紀』が現存する。古絵図は横170.0cm、縦122.5cmを測る横長の大型の絵図である。この絵図の主題は、南都興福寺が管轄する筑摩神社と周辺の七カ寺を描くもので、それらを周辺の地形と関連する村々と共に描いている。多くの村々の位置は現況と一致するが、筑摩神社の北西の湖岸に描かれる「西邑」と、南西の湖岸に描かれる「神立」および神社の西端の湖岸の大鳥居や石灯籠・石垣などは現存しない。そして、この絵図の端書と奥書によると、正応4辛卯年（1291）に描

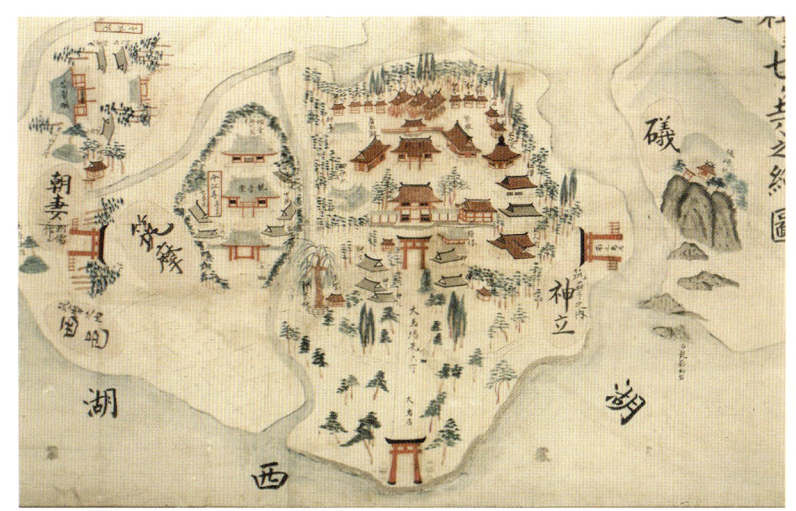

図3-1　筑摩社並七ヶ寺之絵図　筑摩神社所蔵（部分）

いたものを何度か模写した後、江戸時代の乙亥年に最後に模写したことが記されている。

『筑摩大神之紀』は永禄10年（1567）にまとめられたとするもので、この絵図とよく一致する内容のことが記され、筑摩神社の四至を示す中で、西の境界は渚から沖合8町先の湖中で、昔は8町先の渚には鳥居が立っていたが、今（『筑摩大神之紀』を記した時）は湖中となって、その鳥居は水底に残っているといわれる。ほかに、筑摩神社の神事の際、未明に神主は神人を連れて船で渚の鳥居の8町沖まで出て漁をすること、神事に用いる神酒を入れた甕等の器は、その後湖中に捨てるが、上古に捨てた器は今も時々網にかかることなどが記されている。

この絵図と『筑摩大神之紀』は現時点ではセットとして江戸後期に作成されたものとみられているが、その内容は当時の実情がよく反映されており、絵図に示される西邑と神立を除いた村々の位置関係や多くの寺院の存在とその位置関係などは、細部にわたって現在もほとんどが確認されるため、この絵図に大きな虚構があるとは考えにくい。このため、西邑・神立の2村の存在も全くの虚構とは考えられず、実際に存在したものを描いたか、言い伝えとして残っていた村を復元的に描いたとみるのが自然な解釈で、むしろ、元来存在しなかったものをあえて作り出して描いたとみるほうが無理な解釈といえよう。ある時期、

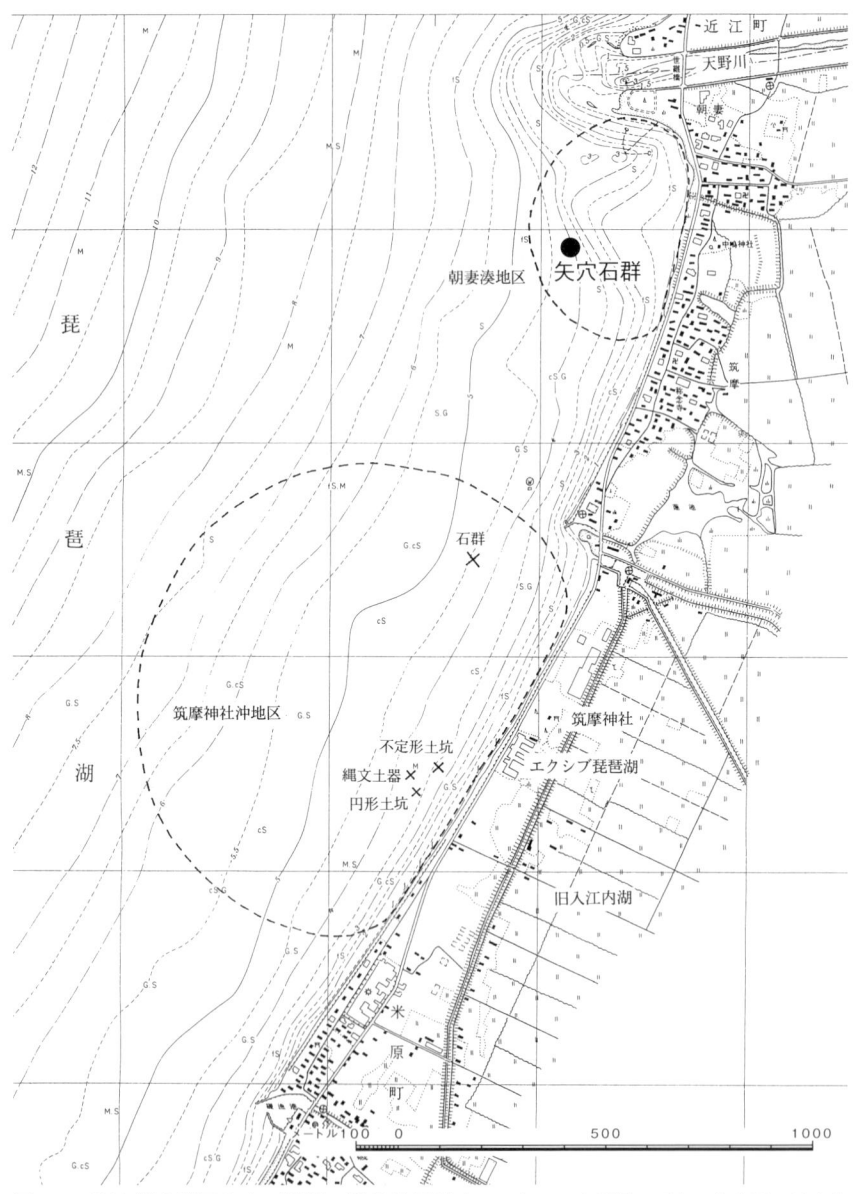

図3-2　調査対象地区および遺構・遺物発見地点　昭和35.36年測量、昭和48年改測　国土地理院作成の1万分の1湖沼図　彦根・多景島2による。水位の基準は84.547m＝明治38年以降昭和29年にいたる50年間の平均水位

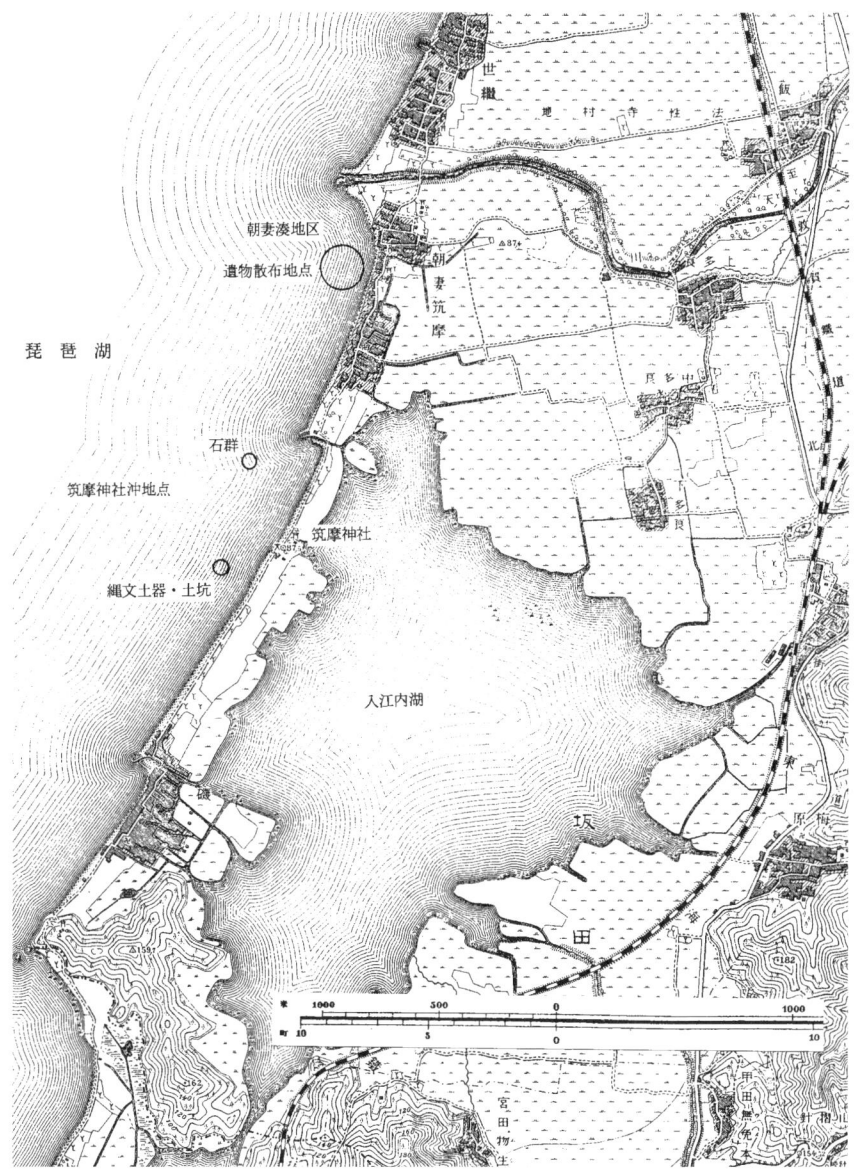

図3-3 明治時代の地形と調査地点　明治26年測図、大日本帝国陸地測量部2万分の1　彦根による

絵図に近い形状の地形や村落・大鳥居・石垣などが存在し、それがこの絵図に反映されたものと理解される。そして、現在では西邑と神立があったとみられる地点を結ぶ線より湖側が消失しているが、それらが水没村伝承として残ったものと考えられる。

なお、筑摩神社は『日本文徳天皇実録』仁寿2年（852）3月甲戌条に「授近江国筑摩神従五位下」とあることから、この時点ですでに存在していたことがわかる。また、興福寺との関係は、嘉吉元年（1441）の奥書のある『興福寺官務牒疏（かんむちょうそ）』によれば、承和8年（841）に興福寺別所となったとし、『筑摩大神之紀』にも同様に書かれている。興福寺末社となったのは延久2年（1070）の筑摩御厨（ちくまのみくりや）の停止後のこととみられている。筑摩神社と興福寺との関係については、筑摩三所社の再興に当たって源頼朝が興福寺繁雅僧都の願いにより尽力し、その「源頼朝寄進状」が建久2年（1191）5月13日付けで興福寺別当御坊に宛てられていることからもうなずかれる。

2）第1次調査

第1次調査は1998～2003年に実施した[註1]。調査の対象地域は、湖岸の遺物散布状況や既調査、伝承・口伝、筑摩神社所蔵絵図などを参考として、北は天野川河口左岸の朝妻漁港から、南は現在の磯（いそ）集落北半部の湖岸・湖底にかけて、南北約2000m、東西約800mの範囲とした。最初は水中ロボットやスキューバダイビングで手がかりを求めて広い範囲を漠然と探索していたが、広すぎてつかみどころがないため二つの地区に絞って調査を進めることとした。一つは、北部の朝妻湊推定地とその沖合で、ここは現在中嶋神社が鎮座し、小字「中嶋」「直居（なおい）」（図3-11）の沖合一帯に当たり、「直居」は「尚江千軒」の尚江との関連が想定される地でもある。この一帯を「朝妻湊地区」とした。もう一つは、絵図との関連を考慮して、筑摩神社の沖合一帯を「筑摩神社沖地区」として重点的に調査を実施した。

朝妻湊地区の調査

この一帯は既存の湖沼図では等深線が湖側に突出した状況を呈する遠浅の地形をなす水域である。素潜りとスキューバダイビング調査で、湖底面に散布する多くの遺物を発見した。また、可能な限り湖底地形を平板測量して、25cmコンターで縮尺200分の1の図を作成し、それに遺物出土地点を記入した（図3-4）。

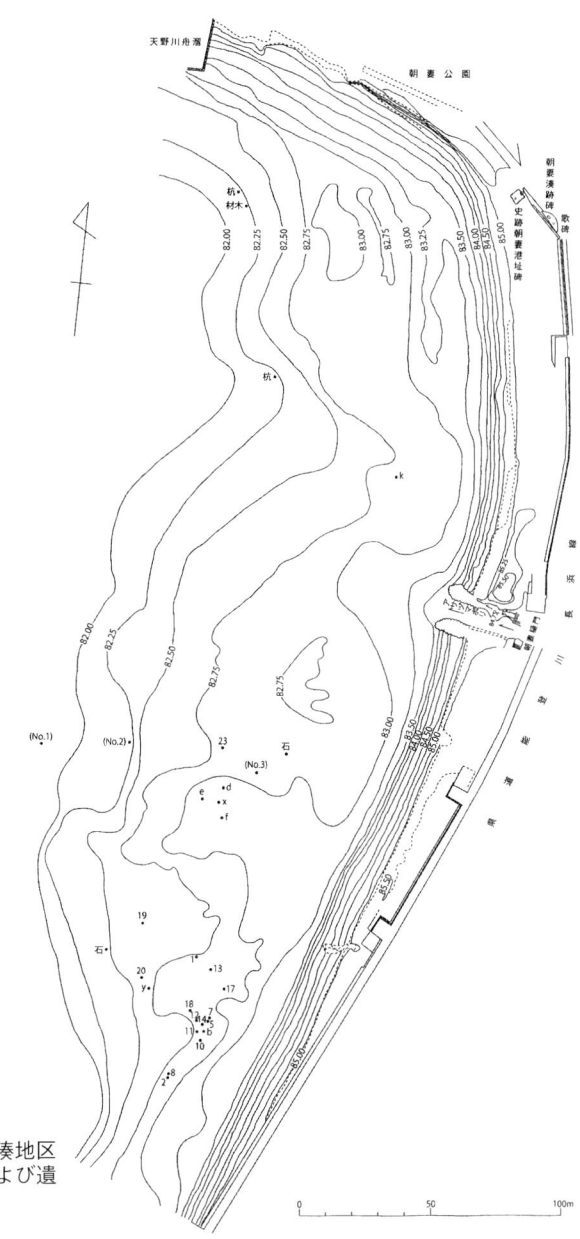

図3-4　尚江千軒遺跡　朝妻湊地区湖底微地形測量図および遺物出土地点

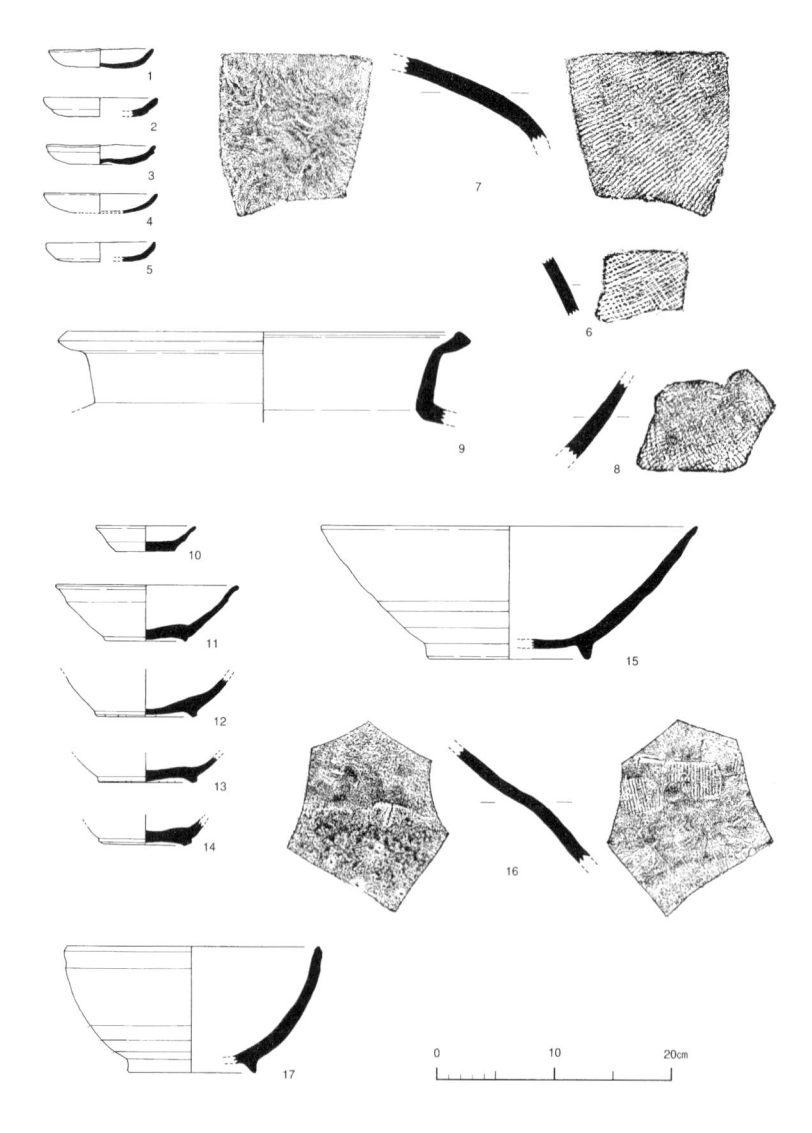

図3-5　尚江千軒遺跡　朝妻湊地区出土遺物1
1～5：土師器皿（12～13C）、6～9：須恵器甕（11～12C）
10～14：尾張型山茶椀皿・椀（12～13C）、15～17：常滑焼片口鉢・甕（12～13C頃）

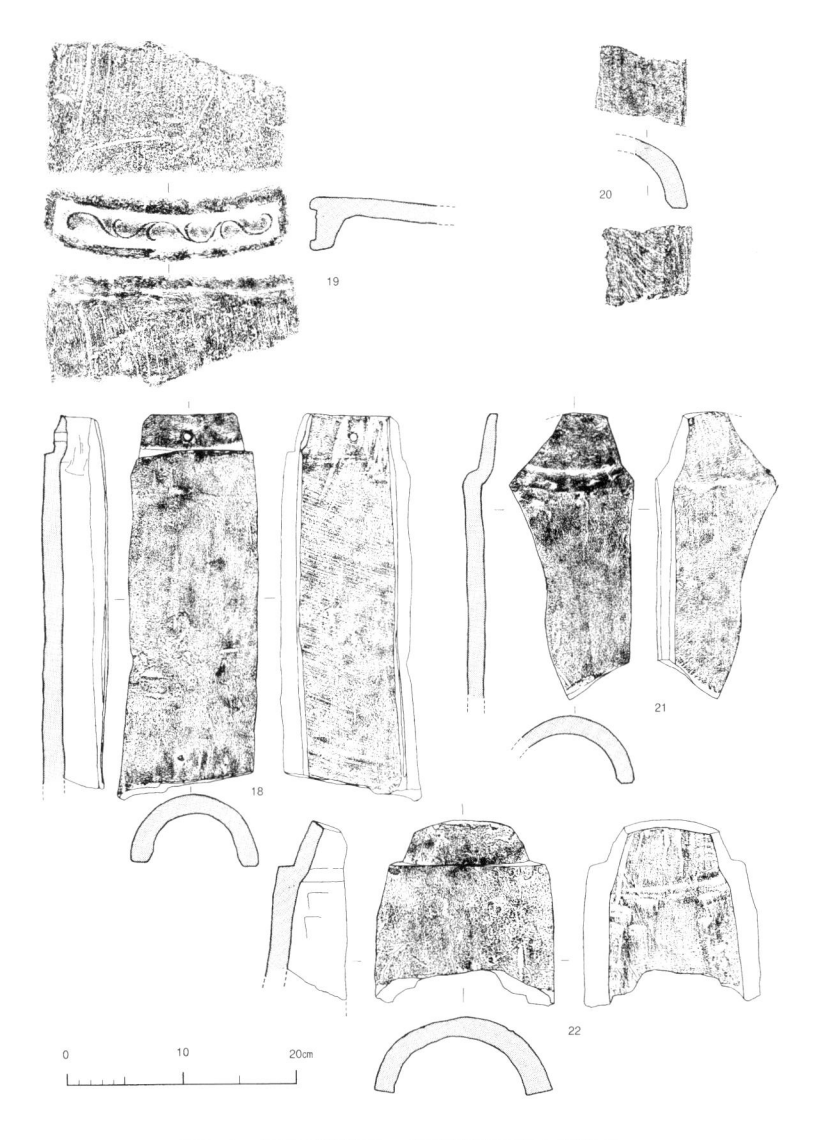

図3-6 尚江千軒遺跡　朝妻湊地区出土遺物2
18：軒丸瓦、19：軒平瓦、20〜22：丸瓦、いずれも尾張産（12C中葉頃）

図3-7 筑摩神社沖での潜水調査　正面左の森が筑摩神社。画面の少し左手で石群、須恵器が発見された

図3-8 筑摩神社沖地区　ブイの真下が石群

図3-9　筑摩神社沖地区　石群検出状況

図3-10　筑摩神社沖地区　潜水実測調査1/20の図を作成中。水深4.3m、沖合280m地点

第3章　尚江千軒遺跡の調査　73

推定朝妻湊跡とされる陸地部一帯は、現在では県道能登川長浜線が整備され、朝妻公園が造られるなど、旧地形はかなり改変されている。平板測量で把握された湖底の微地形は、「朝妻樋門」のあるアサヅマボリから沖合の北西方に向けて浅い谷状の地形があり、その北側、南側は微高地となっている。遺物は約30点を確認したが、谷状地形から出土した丸瓦１点を除いて、他の全ては南側の微高地で出土した。

　遺物には、古いもので７～９世紀の土師器、新しいもので19世紀頃の信楽焼・染付があるが、大半は11～14世紀前半の範疇におさまる土師器や須恵器、山茶碗(やまぢゃわん)、常滑焼(とこなめやき)、瓦類で、その主要なものは12世紀中葉を中心とする時期の尾張系の土器や瓦である。

小結　この湖底の微地形とその表面に散布するこうした遺物の存在理由について、調査報告書作成時点では、大地震に伴う地すべり（側方流動）という想定は全く念頭になく、村跡を示す家屋の構造物や井戸跡等の痕跡も確認できなかったことから、次のように考えた。

　当該地のすぐ東に接続する陸地部の地形をみると（図３-11）、帯状の乱れが認められるが、この乱れの帯の幅は100～200ｍを測り、天野川の川幅に匹敵し、それは現天野川の屈曲部から当該地に連続する様相を呈している。これはある時期に天野川の流路であったことを示すもので、湖底の微高地はこの時に形成され、湖底の遺物はこの時、陸地部からもたらされた可能性が高いと考定した。

筑摩神社沖地区の調査

　当該地は遠浅の朝妻湊地区とは大きく異なり、急激に深度を増すため、スキューバダイビングと水中ロボット調査を実施した。筑摩神社所蔵の絵図を参考として、そこに描かれている湖岸の大鳥居や石垣等を想定して広範囲に調査を実施した。湖底面は広範囲に小砂利が続き、水草が比較的粗状に繁茂する。沖合に行くにしたがって緩やかな傾斜をなし、次第に深度を増していく。長らく手がかりのない状態が続いたが、地元の漁師が網を打つと引っかかる所があるというヒントを得て、その付近を集中して調査を続けたところ、石群が発見され、その後、少し離れた地点で不定形土坑や円形土坑などが確認された。

石群　石群の発見された地点は筑摩神社の北北西で、湖岸の汀線から沖合約277ｍの地点、GPSの示す国土座標はN35°19.194′、E136°15.879′で、その湖底面は標高80.06ｍ、水深にすると基準水位から4.31ｍ下位に当たる。

　石群は東西約4.8ｍ、南北約10ｍの範囲に散在する。石材の密集する所が中

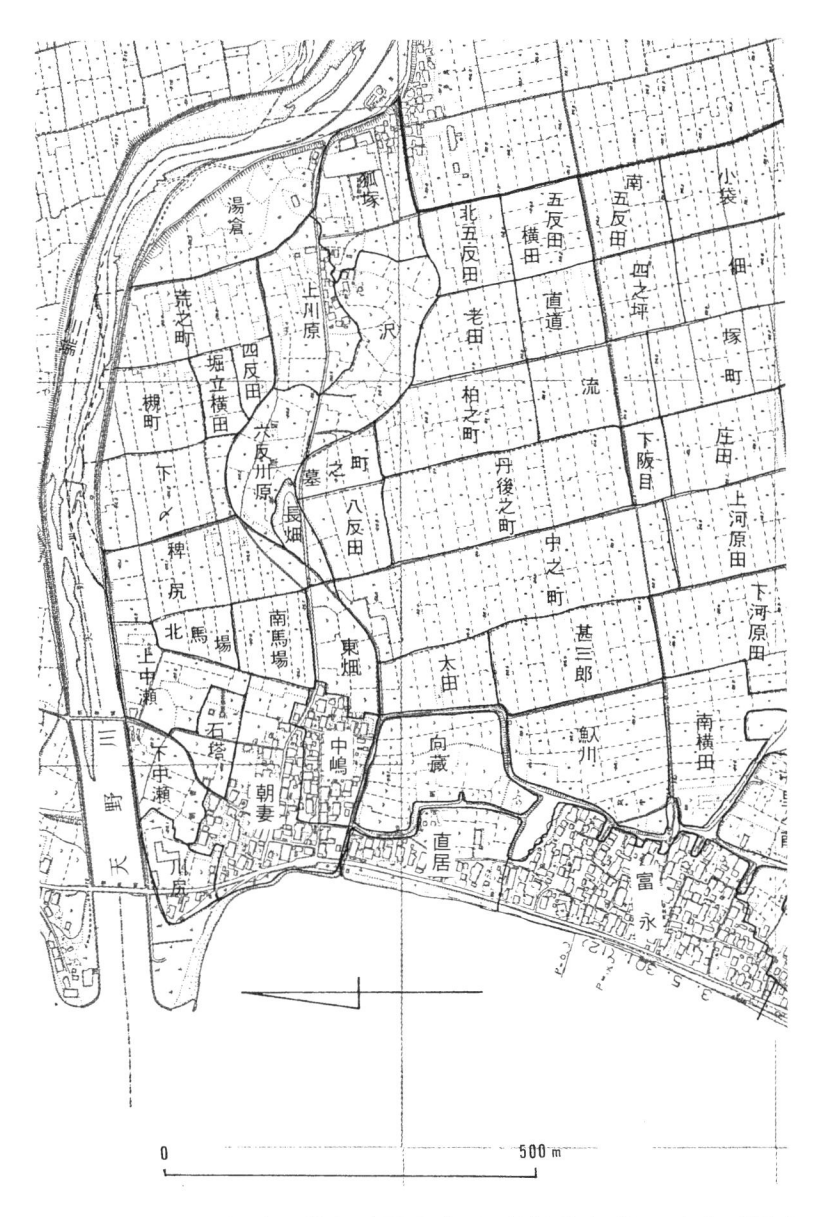

図3-11　朝妻・中嶋・直居付近の字限図　『明治の村絵図』米原町1996年を一部改変

第3章　尚江千軒遺跡の調査　75

央付近と南端付近にあり、南端付近では石材が何段か重なっている所がある。いずれも自然石の割石で、人為的に並べたり積み重ねた形状は認められなかった。湖底面下にさらに石材が埋もれている可能性は十分考えられるが、掘削して調査していないため不明である。石材は合計約80個あり、大きなもので80×45×40cm、65×50×30cm程度、小さなもので15×10×10cm程度の大きさである。この石群の周辺は何度もスキューバダイビングや水中ロボットで探査したが、小砂利の凹凸のない湖底面が広範に広がるなかで、この石群だけが単独で存在している。

　南端付近の密集した石群の、石と石の間の砂地に、須恵器の横瓶(よこべい)の口頸部(こうけいぶ)から体部の一部にかけての破片が、大半が砂の中に埋もれた状態で発見された。そのすぐ横の砂地の上にはそれに接続する体部の小破片も見つかった。この土器への湖成鉄(こせいてつ)の付着状態からその埋没状態が復元できる。湖成鉄は湖底に埋もれた部分には付着せず、湖底面に顔を出した部分にのみ付着するからである。

　この石群は、周辺の陸地部に大きな川が存在しないことから、流勢によってこの地にもたらされたとは考えられない。また、石と石の間の砂地に大半が埋もれた状態で見つかった須恵器も自然の営力で、あるいは湖上から人為的に投げ込まれたものとも考えられない。周囲の湖底には近・現代の陶器類がかなり散在するが、いずれも埋まった状態のものはなく、湖底面に全体が乗った状態で発見される

図3-12　筑摩神社沖地区　石群平面実測図　×印は須恵器横瓶出土地点

図3-13　筑摩神社沖地区　石群中の須恵器検出状況　須恵器の口頸部は砂に埋まっていた

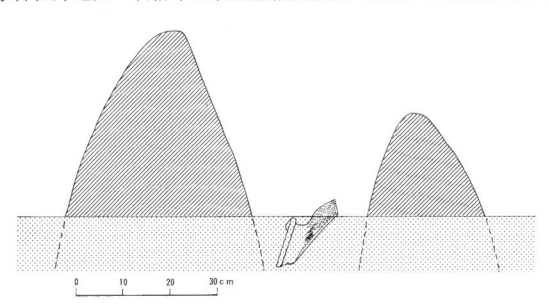

図3-14　筑摩神社沖地区　石群中の須恵器横瓶出土状況

からである。水深4.3mもの湖底では湖上の風波の影響はほとんど受けないものと考えられる。

　したがって、元来、石群とこの須恵器は不可分の関係にあって、石群を含むまわりの状況に何らかの変動が生じて現状に至ったものと判断される。

不定形土坑　筑摩神社の南西方に当たり、沖合約123mの地点、GPSの示す国土座標はN35°18.922′、E136°15.824′で、土坑の肩部の標高は80.82m、水深にして3.55mの地点である。一帯は、先の石群地点の小砂利層とは異なり、粘土質の土層である。土坑の平面形は東西に長い瓢箪形を呈する。東西の長さ約6.8

第3章　尚江千軒遺跡の調査　77

m、東部にある南北の最大径は4.65mを測る。掘込みの深さは全体的に25cm前後で、壁はほぼ垂直である。底には泥が堆積している。

円形土坑 不定形土坑の南西約55mで確認された。同様に粘土質土が広がる地域である。座標はN35°18.895′、E136°15.798′、沖合約117mの地点で、土坑の肩部の標高は80.79m、水深にして3.58mである。規模は、南北約1.8m、東西約2.3m、深さは最深で22cm、浅い所で17cmである。底部には砂と泥が少し堆積していた。肩部はやや丸くなり、内側にえぐれている部分もあるが、元来はほぼ垂直に近い状態で掘込まれていたものと思われる。

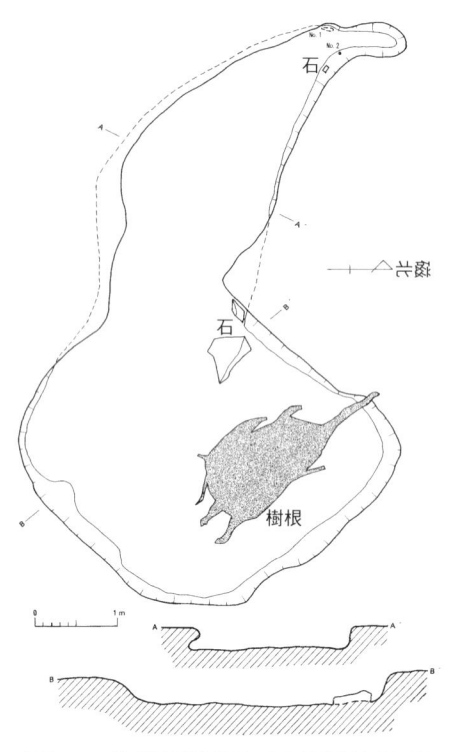

図3-15 筑摩神社沖地区 不定形土坑実測図

遺物 【縄文土器（24・25）】 土坑の確認された地点付近で2点の破片が発見された。いずれも湖底面でわずかに泥をかぶった程度で顔を出していた深鉢体部の破片である。24の出土地点の詳細は提示し得ないが、25の少し北側付近で発見された。いずれも磨耗痕は全く認められず、炭化物の付着状況からみて、原位置からの水平移動はほとんどないとみられる。24は内外面にコゲやふきこぼれとみられる炭化物の付着が著しい。縄文前期前葉に位置づけられる。25は汀線から沖合約142m、標高80.80mの地点（N35°18.927′、E136°15.798′）で発見された。内面には炭化物の付着が著しく、外面には煤の付着が認められる。縄文中期の船元式とみられる。

【須恵器（26）】 石群の南東寄りの石の間で発見されたもの。横瓶の口頸部と体部の一部の破片である。7～8世紀の所産とみられる。

図3-16　筑摩神社沖地区　円形土坑実測図

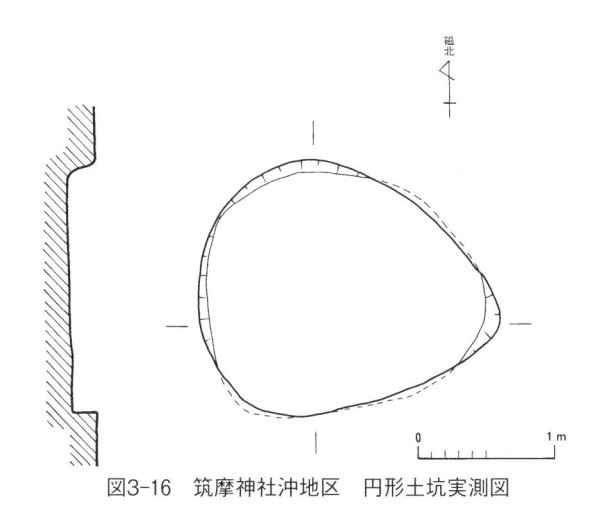

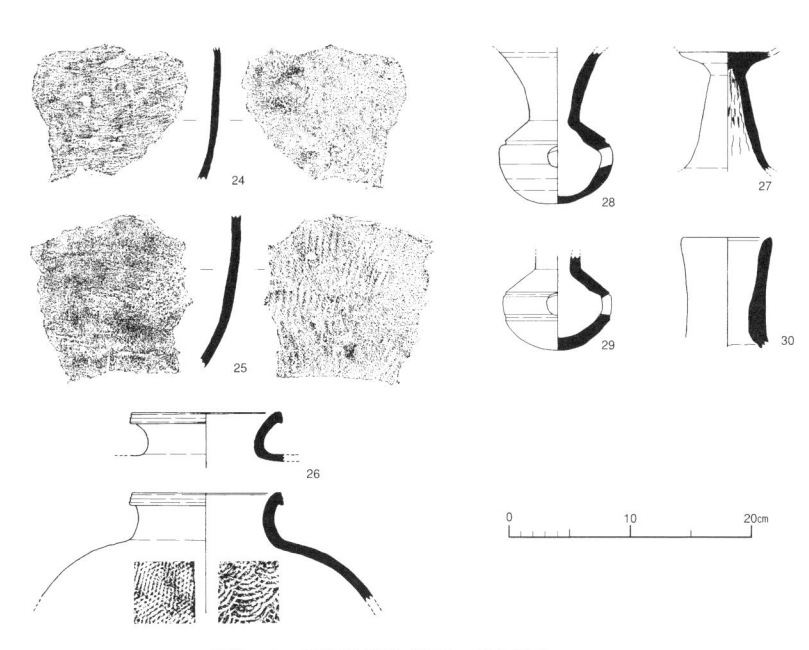

図3-17　筑摩神社沖地区　出土遺物

【湖底に散布していたとみられる土器（27～30）】　地元の漁師が網で引上げた土器である。須恵器の𤭯（はそう）は他にも多く引上げたが、知人に分け与えたという。

27は土師器高杯の脚部で、古墳時代のものである。28・29は須恵器の𤭯で、6世紀後半～7世紀前半のものである。多くの𤭯が引き上げられる点については『筑摩大神之紀』の、神事に用いた器が時々漁師の網にかかって引き上げられるとする記事とよく符合する。

小結　筑摩神社沖地区のこの調査結果について、調査報告書作成時点では次のように考定した。
①石群は7～8世紀の横瓶を伴う何らかの構築物であったとみられる。
②不定形土坑も円形土坑も時期は不明であるが、人為的に掘込まれた遺構とみられる。
③発見された縄文時代の土器や古墳時代の土器は流勢などによる大きな移動はなく、原位置に近い地点に存在するとみられる。

これらの遺構・遺物が現在なぜ湖底にあるのか、調査報告書作成時点では三つの仮定を立てて検討した。すなわち、A．遺構の造られた時期の水位・地盤ともに現在とほぼ同じとした場合、B．地盤高は現在とほぼ同じで、遺構成立時点は陸地で遺構は原位置を保ち、その後水位が上昇して現在に至ったと仮定した場合、C．水位は現在と大きな変化はなく、地盤が沈降したと仮定した場合。

検討の結果、Cの仮定が最も矛盾なく遺構・遺物が湖底に存在する理由が解釈できると判断した。つまり、須恵器の示す年代にはこの地点は陸地であり、石積みあるいは石組み等の構築物が存在したが、それ以降のある時期に地盤の沈降があって、この構築物は崩壊して現在に至ったと考定した。伝承や口伝、筑摩神社所蔵の古絵図、『筑摩大神之紀』の内容もこの考定に符合している。

古絵図には朝妻村と西邑村の間、息長川（天野川）の川岸に「息長王陵」と記された古墳をはじめ3基の古墳が描かれている。おそらく、この絵図が描かれた時期に湖岸にはいくつかの古墳が存在していたものと思われる。現に、すぐ南に存在する磯集落の南の湖岸には横穴式石室墳5基からなる磯山古墳群が存在する。したがって、この調査で確認された石群の性格の一つの可能性として横穴式石室墳が想定される。伴出した須恵器の横瓶は横穴式石室墳の副葬品として一般によくみられる遺物である。

この地盤の沈降現象はおそらく大地震によるものと想定される。出土した炭化物が顕著に認められる縄文土器や土坑の存在も一括して地盤が一気に沈んだ

図3-18　筑摩神社沖地区　遺構・遺物検出地点

第3章　尚江千軒遺跡の調査　81

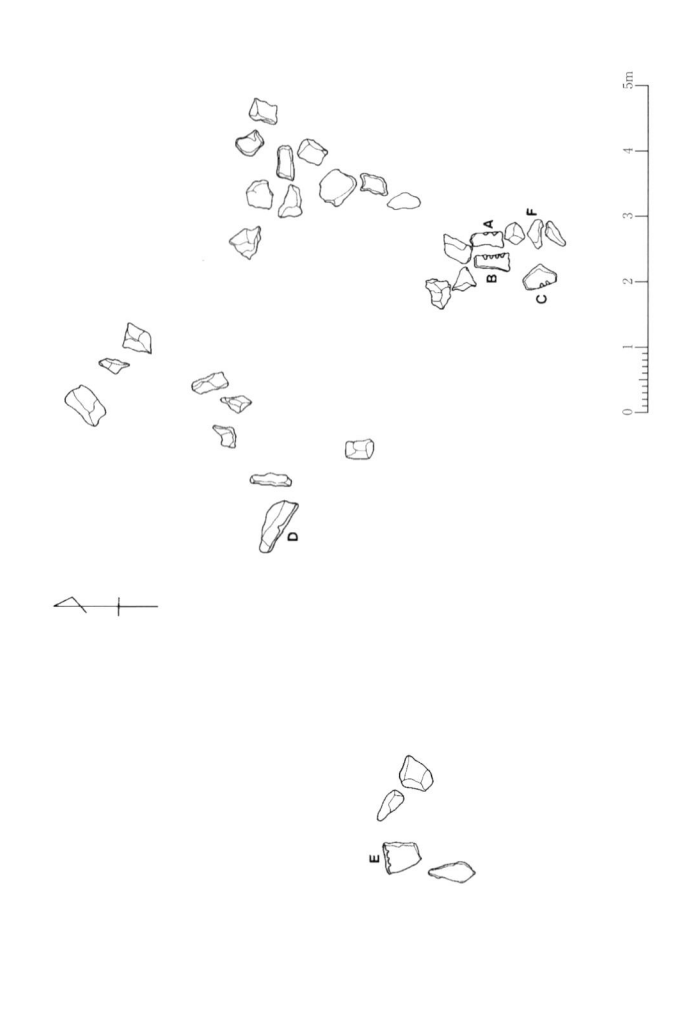

図3-19　朝妻湊地区　矢穴石群検出状況実測図　東が陸地方向

とみれば、さほどの矛盾もなく説明がつく。そして、この地震は可能性として、伝承にあるとおり正中2年10月21日（1325.12.5）の大地震、推定M6.5以上（7クラスの可能性も指摘されている）の地震が想定される。この地震は高島市マキノ町小荒路や敦賀へ抜ける峠の山中などが大きな被害を受け、竹生島の一部が崩れて湖中に没し、敦賀の気比神社も倒壊している。

3）第2次調査

　尚江千軒遺跡の調査は2004年以降、しばらく中断していたが、調査船ゲンゴローⅡに魚群探知機を装備したこともあって、2008年から再開した(註2)。特に、2009年の春、共同研究の一環として実施した、三次元サイドスキャンソナーによる詳細湖底地形図によって湖底面のコンター（等深線）が極端に突出する部分が認められるなど、異常地形を示す地点が判明したため、そうした地点に重点的に潜水することが可能となった。このため、異常地形を示す地点をねらって広範にスキューバダイビング調査を繰り返し行った。しかし、遺構・遺物は何ら発見することはできなかった。ところが、2010年9月10日午後、永年継続してきた調査の最後のスキューバダイビング調査を試みた際、朝妻湊地区でようやく矢穴石群を発見することができた。水草が繁茂し、小砂利が広がる中に石群は存在した。

矢穴石群　矢穴石群の発見された地点は、朝妻集落の沖合約250m、GPSによる国土座標はN35°19.572′、E136°16.040′、標高80.291m、水深にして4.08mの地点である。

　石材は36点を確認した。いずれも割石で、半ばあるいは大半が湖底に埋もれた状態で存在し、人為的に並べたり、積み重ねた形状は

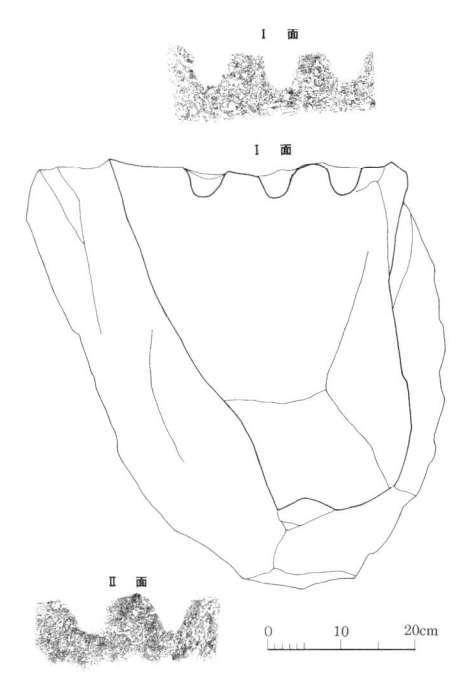

図3-20　朝妻湊地区　矢穴石E実測図・拓本

図3-21　朝妻湊地区　矢穴石Ａ　出土状況

図3-22　朝妻湊地区　矢穴石群出土地点（ブイの真下）

図3-23　朝妻湊地区　矢穴石群（ブイの下）と朝妻集落

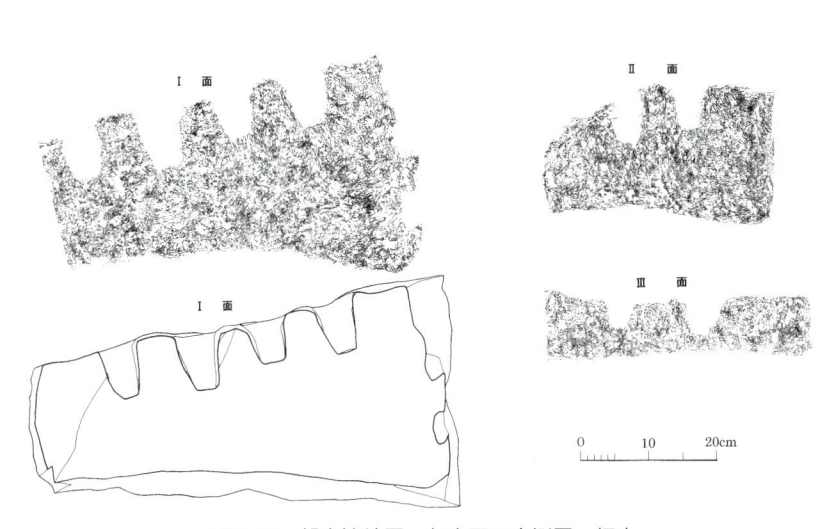

図3-24　朝妻湊地区　矢穴石B実測図・拓本

第3章　尚江千軒遺跡の調査　85

表3-1 朝妻湊地区 矢穴石群の矢穴データ集成 (cm)

石材/面	矢穴番号	矢穴口長辺(a)	矢穴深さ(c)	矢穴底辺(a')	隣の矢穴との間隔(d)	矢穴底形状	備考1	備考2
石材A	矢穴1	5.5	5.5	2.2	9.0(矢穴1と2の間)	ほぼ方形(矢穴底両端部は丸み)		水中計測
	矢穴2	4.8	5.2	2.2				
石材B/Ⅰ面	矢穴1	6.0	7.4	3.3	6.2(矢穴1と2の間)	ほぼ方形		陸上計測
	矢穴2	6.3	8.5	3.3	6.0(矢穴2と3の間)	ほぼ方形		
	矢穴3	5.7	7.0	3.5	5.4(矢穴3と4の間)	ほぼ方形	矢穴片側傾斜	
	矢穴4	6.3	8.4	3.2		丸みを帯びる		
/Ⅱ面	矢穴1	3.8	3.5	0.5	8.4(矢穴1と2の間)	方形に近いが特異な形状		
	矢穴2	4.4	5.3	2.5		ほぼ方形		
/Ⅲ面	矢穴1	4.4	3.9	0.7	5.0(矢穴1と2の間)	丸みを帯びる		
	矢穴2	2.6	4.2	2.8		方形		
石材C	矢穴1	5.5	6.3	3.0	8.5(矢穴1と2の間)	丸みを帯びる	矢穴片側傾斜	水中計測
	矢穴2	5.5	6.5	4.0		丸みを帯びる		
石材D	矢穴1	6.7	7.0	—	単独	方形		
石材E/Ⅰ面	矢穴1	4.5	2.7	2.5	11.0(矢穴1から端まで)	丸みを帯びる/U字形		陸上計測
	矢穴2	4.5	4.0	1.5	4.0(矢穴2と3の間)	丸みを帯びる/台形		
	矢穴3	4.5	4.0	0.5	6.0(矢穴3から端まで)	丸みを帯びる/台形		
/Ⅱ面	矢穴1	4.5	5.0	2.3	5.0(矢穴1と2の間)	台形	15.0(矢穴1から端まで)	
	矢穴2	5.5	5.5	1.5		台形	17.0(矢穴2から端まで)	
石材F	矢穴1	5.2	5.7	—	単独	ほぼ方形	斜めに打ち込まれたか	水中計測

認められなかった。そのうち矢穴をもつ石材は6点が確認された。石材の大きさは97×34×16cm以上、64×30×21cm、55×40×27cm程度のもので、石材の散在する範囲は南北約9m、東西約18mの広がりをもつが、確認した以外にまだ湖底に埋まっているものもあると思われ、その数や範囲はさらに広がる可能性が高い。

　この石材の詳細を観察するため、矢穴のある2点の石材を取り上げた（石材BとE）。

【石材B】　長辺65.3cm、短辺18.5～32.8cm、高さ21.7cmの石材で、3面に矢穴が認められる。その形状・数値については表3－1に示すとおりである。

【石材E】　長辺約60.2cm、短辺約50.5cm、高さ約32.5cmの石材で、2面に矢穴が認められる。その形状・数値は表3－1のとおりである。

　この2点の石材の材質はいずれも角閃石黒雲母花崗岩で、磁力は低い[註3]。

　これ以外の矢穴については湖底で計測し、表3－1に掲げた。

　これらの矢穴の形状や数値などを検討すると、森岡・藤川（2008）によるCタイプに相当するとみられ、18～19世紀頃の所産と判断される[註4]。

小結　この矢穴石群の示す時期、すなわち、18～19世紀の琵琶湖の水位は第1章でみたとおり標高84m代～85m前半代であったことが判明しているため、標高80.3mの湖底に存在するこの石材群は、この地点に遺構として存在していたものとは考えられない。考えられる可能性は二つある。

①船による運搬途中、転覆して湖底に落下した。

②陸地で利用されていた石材が、大地震による地盤の変動により、湖底のこの地点にもたらされた。

　①については船の形状や規模に関係する。彦根藩に関する文献史料には、石材や土砂、薪などを運搬する船を「段平石船」と記されているが、その形状や規模については不明である。しかし、発見した石材の散在する18m×9mという範囲はこの時期の船の大きさをはるかに越える広さで、船からの落下の可能性はきわめて少ないと判断される。ちなみに、判明している標準的な当時の丸子船の大きさは、17m×2.5m程度であるが、船のすべての範囲に荷物を積むわけではない[註5]。

　②に関しては2007年度以降、湖底遺跡の共同研究を行っている応用地質学分野の調査結果が出ているので、その結果と照合しながら検討したい。

　　　　　　　　　　　　　　　　　　　　　　　　　　　　（林　博通）

2 湖岸陸地部の地盤調査

1） 筑摩神社地区陸域の地盤構造

　図3-26は、筑摩神社背後から湖岸道路にかけて実施した、高精度表面波探査によるＳ波速度断面図である。厚さ1～2mの顕著な低Ｓ波速度層が、厚さ10～12mの高Ｓ波速度層（やや締まった地層）中に挟在している。この構造は、ほとんど水平～やや琵琶湖側に傾斜している。内湖側では高Ｓ波速度層の深い部分が低Ｓ波速度層に変化し、砂州の砂層から内湖泥層への変化に対応していると考えられる。

　Ｓ波速度断面図に沿って、ボーリング調査とスウェーデン式サウンディングを実施した。地質は、地表から厚さ約3mの上部砂層（盛土を含む）、厚さ1～1.5mの泥混じり砂層（柔らかい）、下部砂層（よく締まっている）に区分され、構造は水平から沖合に向かってわずかに傾斜している（図3-27）。すなわち、Ｓ波速度断面とよく一致する。上部砂層は現在の沿岸砂州の堆積物であるが、人為的擾乱が著しく、盛土との区別が困難である。中部の泥混じり砂層に挟在す

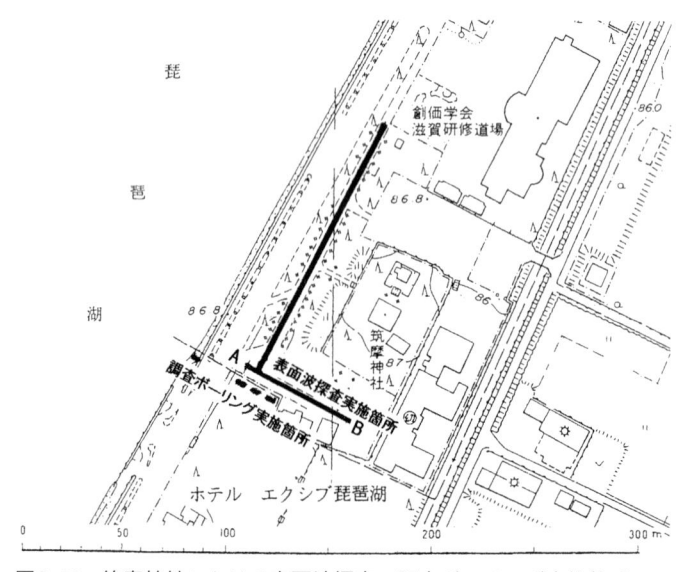

図3-25　筑摩神社における表面波探査・調査ボーリング実施箇所

図3-26　筑摩神社を通るS波速度断面

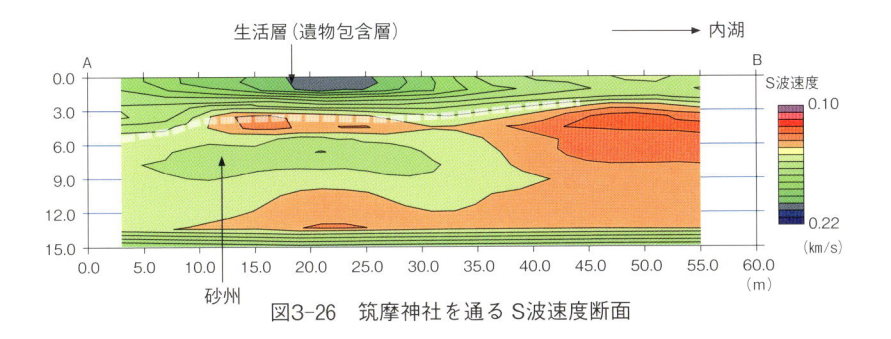

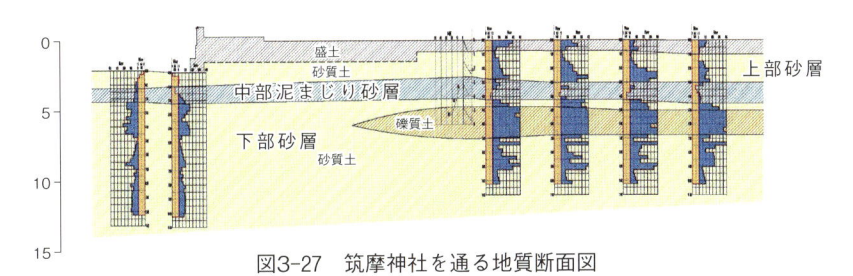

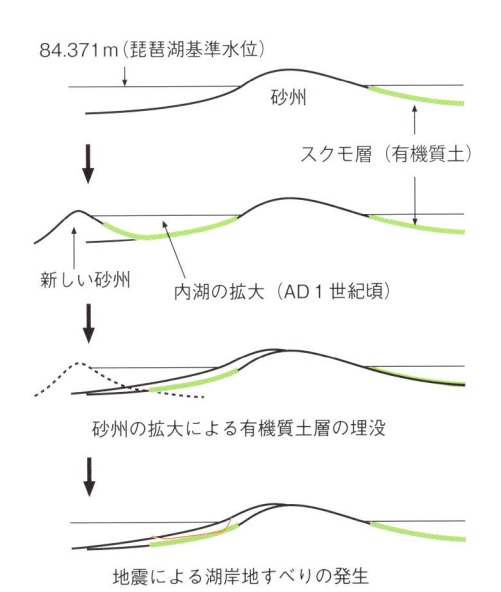

図3-27　筑摩神社を通る地質断面図

図3-28　尚江千軒遺跡の成立と湖岸地すべりの模式図

第3章　尚江千軒遺跡の調査　89

る泥層は有機物に富み、内湖的な環境で堆積したものと考えられる。下部砂層は古い沿岸砂州の堆積物と考えられる。すなわち、下部砂層に対応する砂州形成後、一時、内湖の様な停滞水域が形成され、その後再び琵琶湖の沿岸となって砂州が形成される様な環境に変化したと考えられる。中部泥混じり砂層の有機質泥層の放射性炭素年代として、Cal AD 80（2σ年代：Cal AD 10 to 140）が得られている。すなわち、上記の内湖的環境の拡大は弥生時代中期頃に相当する。筑摩神社北方の発掘調査では、中部泥混じり砂層に相当すると思われる厚い泥層（スクモ層）から平安時代の遺物が発見されている（中井1986）ので、この内湖的停滞水域は平安時代の終わり頃まで残存したと考えられる。

　中部泥混じり砂層（S-1）と下部砂層（S-2）から不攪乱試料を採取し、繰り返し非排水三軸試験を含む一連の土質試験を行った。試験の結果、S-1の各粒度組成は20～30%とほぼ均等で粘性土質礫質砂（SCsG）に分類されたが、S-2は砂分が77%と主体で他は9～15%のため粘性土礫まじり砂（S-CsG）に分類された。土の繰返し非排水三軸試験では、繰り返し三軸強度比（Rl20）として、S-1は0.26、S-2は0.412を得た。すなわち、中部泥混じり砂層の液状化強度は下部砂層に比べて6割程度であり、著しく低いと言える。

遺跡を水没させた地震

　琵琶湖の周囲は顕著な活断層系によって画されているため、沿岸地域は、過去多くの内陸地震による影響を受けてきた。尚江千軒遺跡の成立も、琵琶湖水位の変動幅が限られている事と地元に残る様々な伝承から、何れかの地震による地盤の変動が原因である可能性が高い。伝承にあるように湖北に大きな被害を及ぼした地震を考えると、正中2年（1325年）の地震（M6.5）が、遺跡を水没させた地震として有力である。この地震では琵琶湖の北方で山崩れが生じ、竹生島が崩壊し島の一部が湖水に没したと言われている。この地震は滋賀県から福井県にのびる柳ヶ瀬断層系で発生したと考えられている（宇佐見2003）。

　柳ヶ瀬断層系で発生した同様の地震としては、1909年姉川地震（M6.8）が知られている。この地震は滋賀県北東部の虎姫町付近を震源とし、約40名の死者を出した。琵琶湖で高さ1.8mの津波（セイシュ？）が発生するとともに、姉川の三角州で液状化（6個の穴から泥水が2.5m噴出）が発生し、地盤沈下によって幅数10mの陸地が水没した。

液状化と湖岸の地すべり

　尚江千軒遺跡では地盤の繰り返し三軸強度比（R_{max}）が得られているので、

F_lを用いた液状化判定を行った。F_lは式(1)で定義される。ここで、分母L_{max}は、式(2)(3)のように水平震度から簡便に求めることにする。

$$F_l = \frac{R_{max}}{L_{max}} = \frac{(\frac{\sigma_d}{2\sigma_0'})_{20}}{(\frac{\tau_{max}}{\sigma_v'})} \tag{1}$$

$$L_{max} = r_d \cdot k_h \cdot g \cdot \frac{\sigma_v}{\sigma_v'} \tag{2}$$

$$r_d = 1.0 \times 0.015 \times x \qquad x:深度(m) \tag{3}$$

　地震力の推定が結果を左右するが、姉川地震を参考に、正中2年（1325年）の地震による尚江千軒遺跡付近の水平震度を0.3程度と仮定して計算した。その結果、深度4m付近の中部泥混じり砂層において、F_lが約0.8に低下し、液状化の発生が説明可能である。

　一方、0.3程度の震度では締まった下部砂層の液状化は生じない。下部砂層の上面は、弥生時代以前の沿岸洲の地表であり、琵琶湖側に緩く傾斜している。したがって、仮定したような震度が作用した場合、液状化した中部泥混じり砂層が上部砂層を乗せたまま、琵琶湖側にすべり落ちた可能性は十分に考えられる。図3-28は、琵琶湖の水位に変動が無いものとして、地盤の構造と湖岸地すべりの関係を模式的に表している。一方、こうした湖岸の地すべり（側方流動？）の運動形態に関しては、具体的な証拠が乏しい。しかし、湖底の音波反射断面には、水深8m付近に末端部と思われる反射面の跳ね上げが記録されている。このことから、少なくとも、比較的堅い末端部を持った地すべりであった事は想像できる。

2）朝妻湊地区陸域の地盤構造

　この地区の沖合の湖底では（図3-29）矢穴を持つ石材が広範囲に分布している。図3-30は、湖岸から内陸に向かう測線（汀線にほぼ直角）における高精度表面波探査結果（S波速度の分布）である。0～30mと48～60m付近は深部までやや速度の速い（堅い）堆積物が分布しており、2列の砂州であると思わ

図3-29　矢穴石群地点に関する表面波探査実施箇所、音波探査測線2（line2）

れる。これらの間（30〜48m）には、速度の遅い（柔らかい）堆積物があり、砂州間の低地の堆積物に相当すると考えられる。60mよりも内陸側では、深部まで柔らかい堆積物が分布する。この柔らかい堆積物は、内湖の堆積物であると考えられる。

　内陸側の極表層部は、深部に比べて堅く締まっているが、湖岸に近くでは相対的に柔らかい。表層はいずれも舗装道路であるので、この違いは舗装下の地盤の違いを表すと考えられる。湖岸側に分布する柔らかい極表層の底面は、琵琶湖側に緩く傾斜する構造となっている。これは、砂州の湖側斜面の傾斜を示すものと考えられる。

3）尚江千軒遺跡の成因

　筑摩神社地区と朝妻湊地区のいずれにおいても、柔らかい地盤が緩く湖側に傾斜する地盤構造が認められる。筑摩神社地区で採取した不攪乱試料を用いて、液状化強度曲線を決定し液状化判定を行った。その結果は、過去の地震によってこうした柔らかい堆積物が液状化し、湖岸における地すべりが発生した可能性を示唆している。したがって、この地域の湖底遺跡は、こうした湖岸地すべりによって様々な遺物が湖底に運搬され、形成に至ったものと推定される。

　　　　　　　　　　　　　　　　（釜井俊孝）

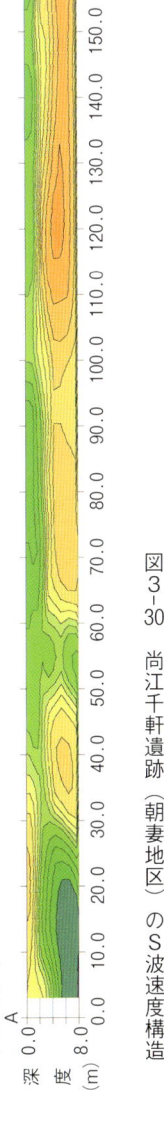

図3－30　尚江千軒遺跡（朝妻地区）のS波速度構造

3　湖底の地層探査

1）湖底地形とその特徴

　取得した水深データから2mメッシュの水深データを作成し、これをもとに25cmごとの等深線による湖底地形図を描いた。作成した湖底地形図（図3-31）をみると、湖底地形は現在の湖岸線にほぼ平行な等深線を描き、朝妻湊沖合では約500mで水深7mに達する。一方、筑摩神社沖では約700mで水深7mに達し、さらに緩やかに沖側に傾斜する。これらの遠浅地形は南側ほど幅広くなる。

　全体には単調で緩やかな地形であるが、細かく見ると水深5～6mの区間で等深線間隔が僅かに乱れている。さらに、次の3箇所で地形的な高まりが見られる。すなわち、①n-1地点：朝妻湊北西の天野川左岸河口沖合に北西から南東方向に延びる長さ約100m、幅30～50m、比高最大1mの規模の尾根状の高まり、②n-2地点：筑摩神社北西沖合の水深4.5m付近の長さ約80m、幅15～20m、比高最大0.4m規模の独立した凸状地形および③n-3地点：筑摩神社西方沖合約600mの地点、の3箇所である。

2）音波探査結果

　音波探査は岸沖方向の測線とこれに交差する測線で実施し、探査結果をもとに音波探査断面のパネルダイヤグラム（図3-34）を作成した。

　音波探査断面には、湖底下数m以内に湖底地形と斜交し陸側に傾斜するすべり面と考えられる反射面（図3-34）が、いくつか認められる。これら第一反射面の上面をそれぞれの探査断面で認定し、実際の航跡に忠実に各反射点の三次元位置を特定した点群データを取得した。これをもとに全域の反射面上面分布（図3-36）を推定した。反射面の上面分布図をみると、最大2m程度の規模で凹凸に富んだ面となっている。

3）小結

　湖底は全体として湖岸に平行した遠浅地形となるが、水深5～6mの湖岸からおおよそ300～400mの範囲で等水深が乱れ、この中に3箇所の高まりがある。音波探査では、湖底地形と斜交し陸側に傾斜する反射面、すなわちすべり面と考えられる面がいくつか認められる。音波探査の第一反射面上面分布をもとに

解釈した旧湖底地形（図3-36）には、等水深線間隔が密な崖線地形や凹凸地形がみられる。さらに筑摩神社周辺での潜水調査によって発見された石群、不定形土坑、円形土坑、土器類は、図中の異常地形の範囲内にある。以上のことから、水中遺跡の範囲は湖岸から約1km沖の異常地形の沖側境界付近までと考えられる。

　音波探査から推定された表層はぎ取り後の旧湖底地形には、等水深線の乱れ、凹地、小丘などの地すべりに特徴的な地形が見られ、すべりの範囲は広範囲に及び層厚が薄いという特徴を持っている。

　以上のことから、遺跡水没のメカニズムは、入江内湖と琵琶湖を限る幅広い浜堤上の尚江集落が地震に伴うすべりによって湖側へ大規模に流動化しながら移動し、短時間に水中に没したものと考えられる。

（原口　強）

図3-31 尚江千軒遺跡付近の湖底地形と湖底の異常地形 *

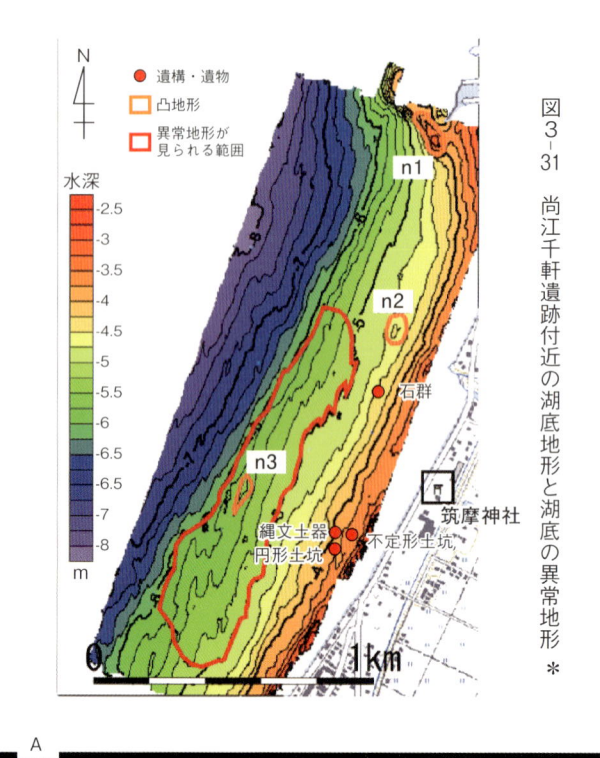

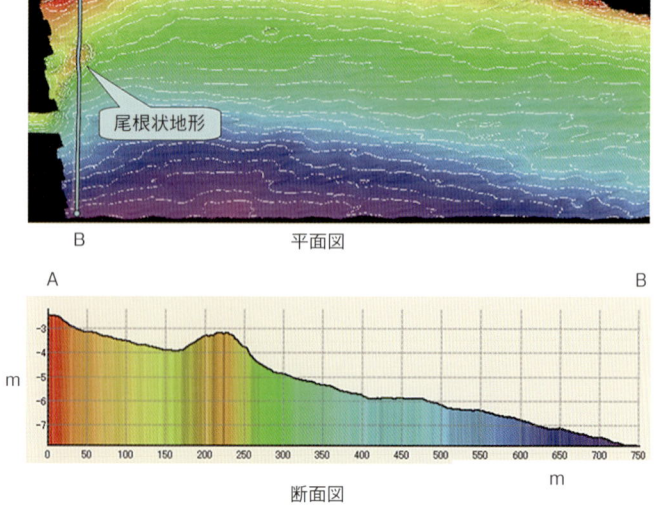

図3-32 天野川河口左岸沖合の尾根状高まり

平面図

断面図

― 96 ―

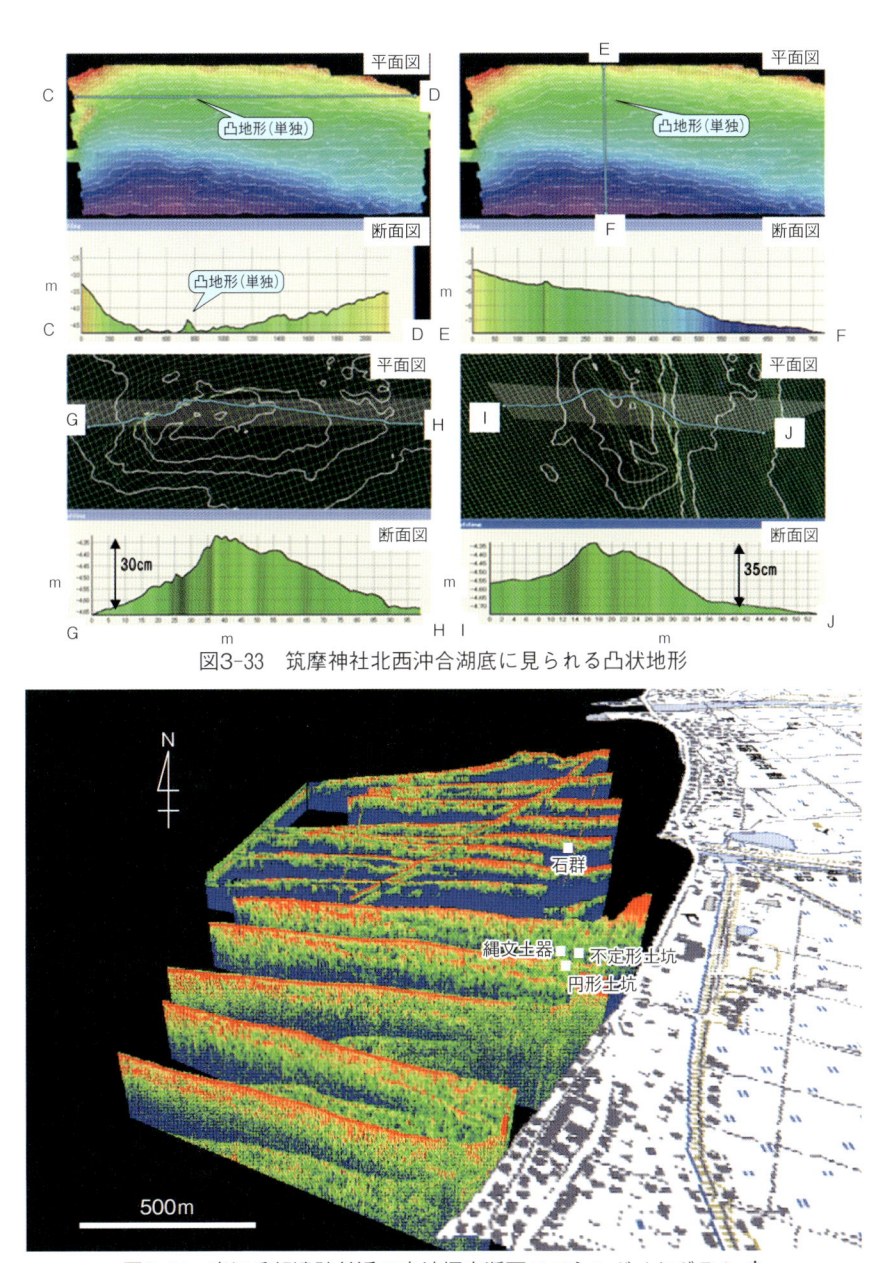

図3-33　筑摩神社北西沖合湖底に見られる凸状地形

図3-34　尚江千軒遺跡付近の音波探査断面のパネルダイヤグラム ＊

第3章　尚江千軒遺跡の調査　97

4 まとめ

　釜井の筑摩神社境内地での表面波探査、同地区および湖岸道路を隔てた湖岸でのボーリング調査、スウェーデン式サウンディングの結果、現地表下4mほどにある弥生中期頃の有機物を含む中部泥混じり砂層の液状化強度は著しく低いことが判明した。このため、大きな地震動により液状化が発生しやすい条件を備えており、緩く沖合に向けて傾斜する構造を持つ湖岸の地盤は、大地震に伴う液状化によって地すべり（側方流動）が生じ得る可能性がきわめて高いと判断された。

　原口の三次元サイドスキャンソナーでの水深データに基づく等深線の状況をみると、水深5～6m区間では等深線がわずかに乱れ、数箇所の地形的高まりが確認されている。また、音波探査の結果、異常地形が沖合1km付近まで広がっていて、一帯には等深線間隔が密な崖線地形が湖岸線近くと300～400m沖に二つ存在する。これらの間には凹凸に富んだ地形がみられ、これらは地すべりに特徴的な地形と判断された。したがって、この湖底遺跡は大地震に伴う地すべりによって湖側へ大規模に流動化しながら移動したものと結論付けられている。

　原口の指摘する三つの高まりについて、その地点を中心に考古学的な潜水調査を繰り返したが、著しく透明度が悪く、かつ、水草が繁茂する湖底ではその高まりを認識することは不可能であった。ただ、最も北寄りの天野川河口左岸沖合地点の高まり（n1）は、船上から箱尺（スタッフ）による水深の測定の結果、その高まりは確認し得たが、高くなっている分、より太陽光線が当たるため、水草の繁茂もより著しくなっていて、遺構・遺物の発見にはいたらなかった。

　矢穴石群発見地点に関して、釜井による湖岸の朝妻筑摩集落内における、湖岸線に直交する東西に延びる道路での表面波探査結果によると、西側の湖岸に近い部分は表面の軟弱な地盤が、琵琶湖側に傾斜しており、湖に向かって地すべり（側方流動）を起こした痕跡である可能性がある。

　また、矢穴石発見に先行して実施していた原口による音波探査の測線2（line2）が、偶然にも矢穴石群上を通過するように測定していた（図3-29）ようで、測定反射面に捉えられている（図3-35、湖底面のわずかな起伏）。そして、測線2の湖底地盤には複数の地すべり面とみられる反射面のあることが判明した。

　こうした考古学的な調査と応用地質学的調査結果を照合・検討した結果、基本

的には尚江千軒遺跡全域は、大地震による液状化に伴う地すべりによって人工物を伴う陸地が湖底に沈んだものと結論することができる。

ただ、①先述した朝妻湊地区で発見された12世紀中葉を中心とする時期の尾張系の土器や瓦類をどう判断するか、②同地区の18～19世紀頃の矢穴石群を湖底に運んだ地震をどうみるか、③筑摩神社地区の石群や土坑を水没せしめた地震をどうみるか、という問題が生じることになる。いずれも、遺構・遺物が湖底にもたらされた時期は明確ではない。

矢穴石群に関して 応用地質学的調査結果からみて、この矢穴石群については次のように判断することができる。

この矢穴石群は大地震による液状化に伴い、湖岸の陸地にあった石材群が地すべり（側方流動）によって湖底のこの地点にもたらされたものといえる。

では、この大地震とはどのような地震だったのだろうか。

地震記録によると、矢穴の形状が示す18世紀以降、この地に大きな揺れを生じしめた大地震は文政2年6月12日（1819年8月2日）に起こった地震の可能性が最も高い。

この地震の推定震源地は当該地の南東約13.8kmに当たる滋賀県犬上郡多賀町付近で、推定Mは7～7.5の大地震である。記録によると、伊勢・美濃・近江に甚大な被害を与えていて、近江における被害状況を略記すると次のごとくであるが、いずれの場合も記録に残されるものはごく一部に限られていて、被害状況すべてを示したものではないことに留意する必要がある。

近江八幡…東漸寺本堂・庫裏大破、潰家82・半潰160・死5

琵琶湖西岸（高島）…大溝ではほとんどの町屋が損壊した。今津の酒波では、
　　山林2反（20a）位置を変える。

彦根…西方の甘呂では105軒中70余潰れる。彦根城の石垣・土留石の崩壊・
　　孕み6箇所、計約70間（127m）。

膳所…潰家50・死90など（伊藤ほか1986・宇佐美2003）

当該地の米原周辺の被害記録については明らかでない。

こうした検討から、朝妻筑摩の沖合250m、水深4.08m地点で発見された矢穴石群は、元は護岸や水路等に構築されていたとみられる石積みが、おそらく文政2年（1819）の大地震で生じた地すべり（側方流動）によって発見地点にもたらされたものと判断された。

現在の朝妻筑摩の集落内を矢穴石に注目しながら歩いてみると、民家や畑の

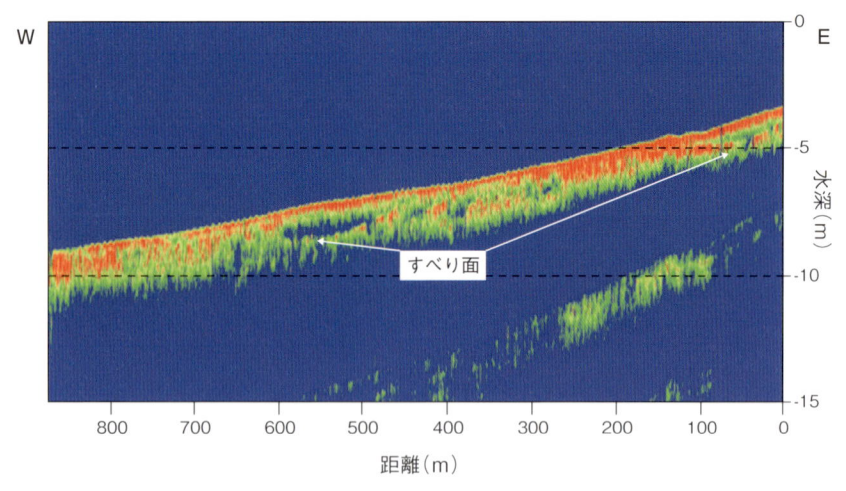

図3-35　すべり面と考えられる反射面の例（line2測線）＊

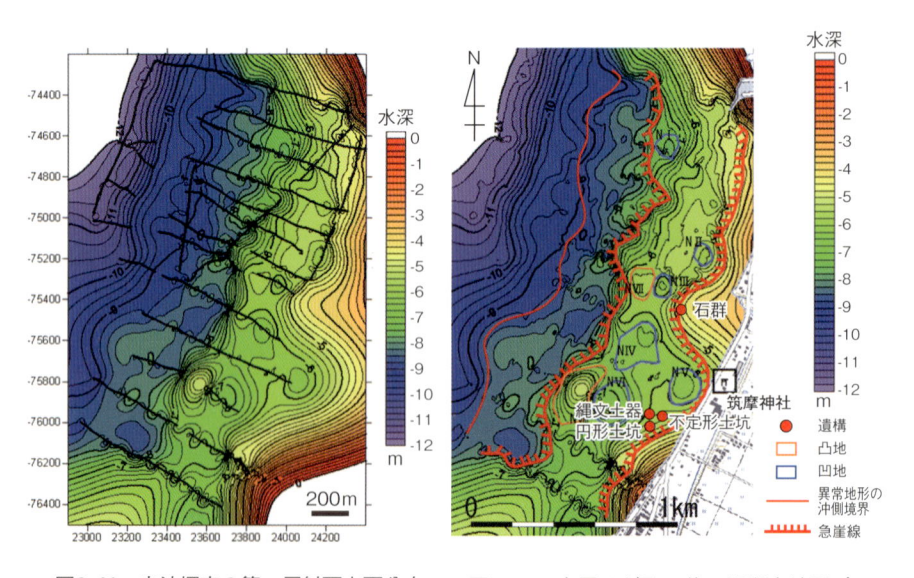

図3-36　音波探査の第一反射面上面分布　　図3-37　表層はぎ取り後の旧湖底地形 ＊

石垣などに、湖底で発見された矢穴石と矢穴の形状が類似する矢穴石を再利用された状態で多数見ることができる。特にそれは湖岸道路に面する家の石垣等に集中している様子が窺われた。これはある時期、護岸や水路等に用いられていた矢穴石が再利用されたことを示しているとみられ、沖合で発見された矢穴石群の故地を暗示しているといえる。

12世紀中葉頃の土器・瓦類に関して　12世紀中葉頃の土器・瓦類の湖底にもたらされた要因は、先の報告書では天野川の氾濫による可能性が最も高いと判断したが、矢穴石群の陸地側に位置するこれらの出土地付近も文政2年地震による影響は当然あったとみられる。それもふまえてこれらの遺物が湖底に存在する可能性としては、

ａ．大地震による陸地からの流出、あるいは大地震による天野川の堤防の決壊に伴う河川の氾濫によるもの。
ｂ．大地震と河川の氾濫は時期の異なる事象で、大地震より後の時期に生じた河川の氾濫によるもの。

などが考えられるが、現時点では明らかにしえない。

筑摩神社地区の遺構に関して　伝承等にあるように、先の報告書では正中2年（1325）の大地震（推定M6.5以上）によって水没したと考えることが最も高い可能性として考察した。その後、釜井・原口の応用地質学的調査の結果、先述のようにこの地区の湖底の遺構群が、大地震の液状化に伴う地すべり（側方流動）により、湖底にもたらされたとする結論を得たところである。そして、釜井は正中2年地震によるこの遺跡の地すべりについて解析した結果、地すべり発生の十分な可能性を提示した。したがって、筑摩神社沖地区を含む一帯は正中2年地震によって水没した可能性は大きいと判断される。

　一方、朝妻湊地区で発見された矢穴石群は文政2年地震と判断されるため、正中2年地震との関係が問題となる。

　原口の音波探査結果によると、湖底各所には複数の反射面が確認されている。地すべりが複数回生起したと考えると、その一つが正中2年地震、もう一つが文政2年地震によるものとすることも可能であろう。

　したがって、この筑摩神社沖地区に限らず、一帯の湖底遺跡は正中2年地震と文政2年地震の二つの大地震を被った結果生じた湖底遺跡であると理解されるのである。しかし、その個々の被害状況については今後の課題として残される。

　　　　　　　　　　　　　　　　　　　　　　　　　　　　（林　博通）

註

1. 第1次調査参加者：宇都寿幸・吉田一子・才本佳孝・服部美紀(1998年度卒)、羽生由喜子(2000年度大学院修士終了)、三木章・桑島心(1999年卒)、泉真吾・上谷篤史・杉村知子(2000年度卒)、田川智子・坂井美菜子・宮脇史朗・平田美弥子・松吉真弓・南健太郎・渡辺玄(2002年度卒)、石塚潔子・藤井克哉・小谷春香・嘉瀬井陽子(2003年度卒)、安居大輔(2004年度卒)
2. 第2次調査参加者：大沢永治・高橋朋子(2008年度卒)、青木大幸(2009年度卒)、早川博規(2009年度4回生)、北川遼・中川永・下山貴生(2010年度卒)、仲田周平・樫木規秀(2010年度3回生)、大西遼(2010年度2回生)、馬場将史(2010年度1回生)
3. 兵庫県立大学自然・環境科学研究所准教授・先山徹氏の鑑定による。
4. この2石の矢穴については、長浜城歴史博物館長(当時)中井均氏、滋賀県教育委員会文化財保護課北原治氏の有益なご教示を得た。
5. 川名登『近世日本の川船研究 上―近世河川水運史―』日本経済評論社2003年によると、江戸時代の川船に「石積船」「石取船」(最上川)、「作場船」「普請船」(北上川)などと呼ばれる船があるが、それらの構造や規模等については不明である。また、享和2年(1802)頃、幕府川船役所によって作成されたとみられる、当時の各種の船の構造図や各部分の名称、規模等が記されている『船鑑』が収録されている。その中の土木作業に関するとみられる「修羅船」あるいは「石積鯡船」と称される船についてみてみると、長さ約14.24m(4丈7尺)、幅約3.64m(1丈2尺)ほどの船で、両舷側の上端に数本の梁をわたし、それらの間に板を隙間なく張って、船の大半に平坦面を造り出し、櫓で動かす構造になっている。

＊印の図は、大阪市立大学2009年度卒業の山本泰雅による作図。

第4章　下坂浜千軒遺跡の調査

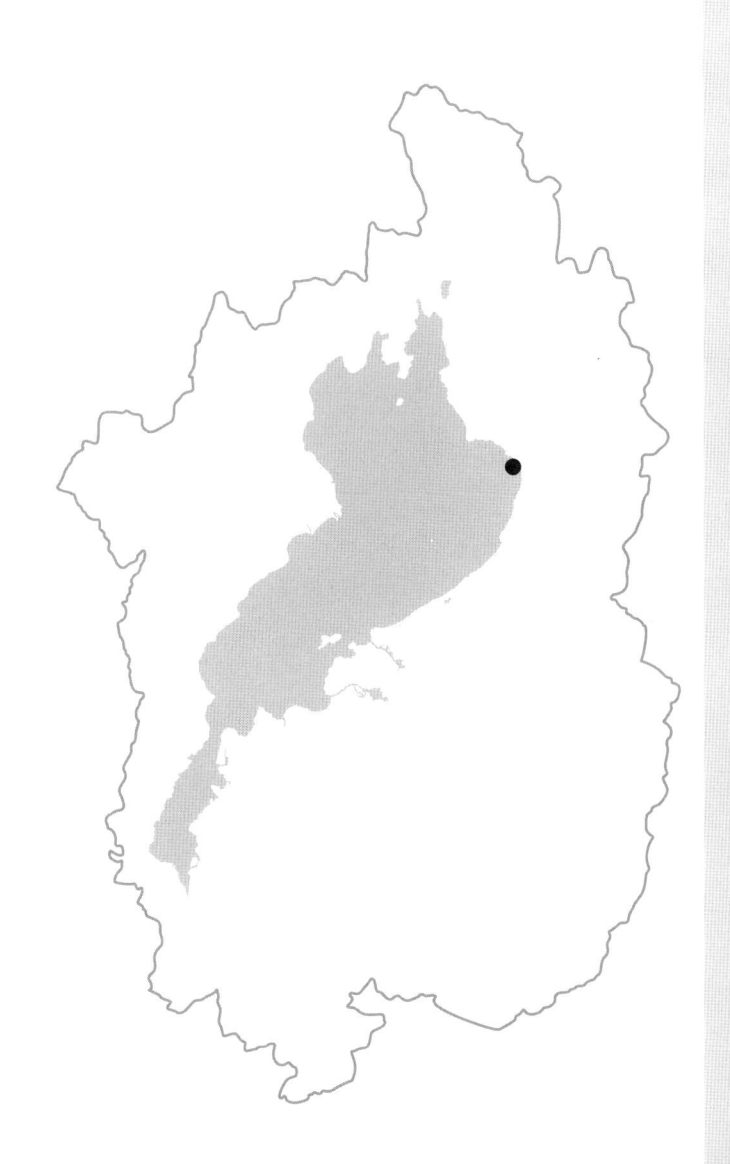

1　水没村伝承と考古学的調査

　長浜港のすぐ南、長浜市平方町と下坂浜町の湖岸にはそれぞれ平方湖岸遺跡と下坂湖岸遺跡が、須恵器や灰釉陶器が採集される遺跡として1998年時点での『滋賀県遺跡地図』には登載されている。しかし、一帯はこれまで調査されたことはなく、その実態については明らかではない。国土地理院作成の湖沼図によると、この沖合は広範に小さな凹凸の多い遠浅の地形が広がり、素人目に見ても異様な地形で、湖底遺跡が存在しそうな様相を呈している。

1）伝承資料等

　地元の伝承によると、この沖合にはかつて村が存在していたが、ある時湖底に沈んだといわれる。2000年5月、直接話を伺った地元の中島喜平氏（当時90歳）の口伝によると、下坂浜町の「長浜大仏」のすぐ南側を西流する小河川、薬師堂川の沖合約200mの、水深2～3m付近で道路跡や五輪塔を見た漁師がいたといい、昭和初年頃には付近から土器も引き上げられたという。天気のいい日には湖底に墓が見えたという口伝もある。また、長浜大仏のある良疇寺の住職・浅野陽山氏の話によると、寺に伝えられている話として、この良疇寺はかつて40町（約40ha）ほどの広さがあり、その時、伽藍はずっと西の方にあったが、現在の堂舎はその寺域の東端に当たるという。そして、湖中に建物の礎石や井戸跡が見られたという。ある時、大地震があって大部分は湖底に沈み、集落も一緒に水没した。寺の近くに住んでいた人たちは長浜大仏の北北東約900mにある地福寺町に逃げたという。その被害にあった人たちは「水上がり」と呼ばれ、その子孫が多数檀家のなかにおられるが、いずれも地福寺町に住んでいる。

　また、地福寺町に住む中川恵司氏（1931年生まれ）の話によると、地福寺町に移った人たちは天正13年の大地震までは良疇寺の西側に住んでいたが、地震により土地が陥没したため、当時の天台宗地福寺に避難し、その後その地に住み着いたという。現在、地福寺町の住民は地震の時移住してきた「水上がり組」と呼ばれる人たちと、元々地福寺町に住んでいた人たちとで構成されているという（中川2007）。

　また、昭和27年（1952）頃の一時的な水位低下の時に撮影されたとする、干上がった湖底に木製の井戸枠が顔を出している写真（図4－1）があり、その遠景には良疇寺の大仏が写っていて、その井戸のおよその位置が推定される。

ただし、この大仏は昭和12年（1937）にコンクリートで建立されたが、昭和59年から10年余りをかけて鋳造仏として再建され、平成6年（1994）に完成し、現在「長浜大仏」（高さ約28m）として親しまれている。この写真に写っている大仏は再建前のもので、位置については同位置ではあるが、立つ向きについては全く

図4-1　湖底の井戸と長浜大仏　1952年頃撮影。長浜城歴史博物館特別陳列№3　1987．4．7．による

同一方向とまでは言いがたく、井戸の位置を大仏の向きとの関係から割出すことは難しい。

　これらのことは、一帯がかつては陸地であり、寺院や集落が存在していたことを想定せしめる。

2）第1次調査

　滋賀県立大学人間文化学部林研究室では、この村が湖底に沈んだという伝承のある長浜大仏沖の一帯を「下坂浜千軒遺跡」と呼んで、その実態解明に取り組むこととし、1998年度から調査を開始した。すでに調査結果を公表している1998～2006年度の調査（林2007）を第1次調査、それ以後、2007～2010年度の調査を第2次調査として区分することとする[註1]。

　先述のように、長浜港周辺の湖底は広範な遠浅となっていて、琵琶湖湖底有数の水草繁殖地域である。夏から秋にかけてのその繁茂の最盛期には、湖底の地面がほとんど見えないほどで、水中ロボットやスキューバダイビング調査を実施することはきわめて困難な水域である。

　1998年の夏、一度この水域で潜水調査を試みたことがあるが、著しく繁茂した水草に阻まれ、その後久しく調査を断念していた。まともに調査ができるのは、水草が枯死して湖底の状況が比較的よく見える状態になる2月ころから、新しい水草の生え始める6月にかけてである。2005年3月、まだ寒風の吹きす

さぶ中、潜水調査は困難なため、水中ロボットで一帯の湖底を探ってみた。一帯は砂や泥が広範に広がっているが、約100〜130m沖合に湖岸と並行する形で礫や小さな岩が帯状に延びている様子が窺われた。この一帯を潜水調査によって詳細に見てゆけば何らかの手がかりが得られるのではないかという思いをもってその機会を待っていた。

　2006年の初夏から初秋にかけて、長浜市出身学生の、出身地の遺跡の実態解明に当たりたいという強い要望を受けて、集中的にこの一帯を調査することとした。7月下旬までは水草は次第に繁茂してくるが、湖底面は何とか観察できる状態であった。8月になるとその繁茂はさらに進み、水草の間でわずかに湖底面を覗くのがやっとという状態であった。こういう中で遺構や遺物を見つけだすことは至難の業で、無謀ともいえたが、半ば強引に調査を断行した。

調査結果　粘り強く調査を続けた結果、明確な遺構の発見はできなかったものの、水没したことにより、立木がそのまま枯死したとみられる立木根（枯れ株）

図4-2　下坂浜千軒遺跡　調査水域

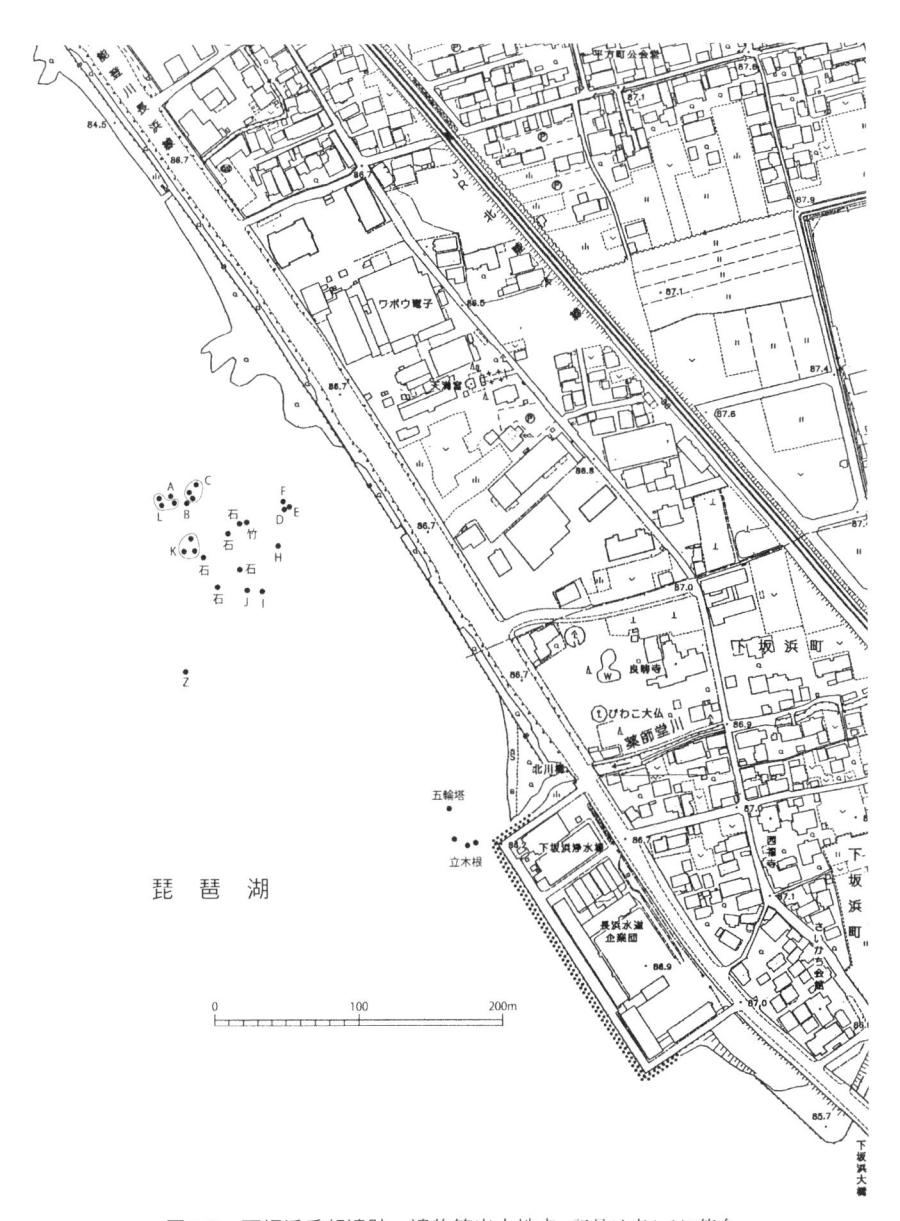

図4-3　下坂浜千軒遺跡　遺物等出土地点　記号は表4-1に符合

が湖底に立った状態のものや人為的に打ち込まれた杭、性格不明の石材、リモナイト礫塊とでも呼称すべき物質などが20数箇所で発見された。それらの位置や水深については別表、別図のとおりである。その主なものを例示すると、

　　立木根A…樹種スギ　　沖合118m　　水深2.0m（標高82.37m）　幹の直径4
　　　　　　cm　残存高（湖底面から水中に突き出た幹の高さ）12cm
　　杭　　　B…樹種アカマツまたはクロマツ　　沖合113m　　水深1.84m（標高82.53
　　　　　　m）　直径9cm　残存高13cm
　　立木根H…樹種ケヤキ　　沖合75m　　水深1.58m（標高82.79m）　幹の直径27×
　　　　　　32cm　残存高38cm

立木根と杭の判別は容易ではないが、杭と判断した根拠は、いずれもその上端が水平に切断された形状を保っている点で、杭と判断したものは樹種がいずれもアカマツまたはクロマツであった。立木根の上端は凸状または不規則な凹

表4-1　第1次調査検出物一覧

発見物		沖合	水深	標高	形状など	樹種
A	立木根	118 m	2.00 m	82.37 m	直径4cm、残存高12cm、幹の上端は凸状	スギ
B	杭	113 m	1.84 m	82.53 m	直径9cm、残存高13cm、上端は水平	アカマツかクロマツ
C 1-a	杭	107 m	1.80 m前後	82.57 m前後	直径8.5cm、残存高13cm前後、上端は水平	アカマツかクロマツ
C 1-b	杭	107 m	1.80 m前後	82.57 m前後	直径8cm、残存高13cm前後、上端は水平	アカマツかクロマツ
C 2-a	杭	106 m	1.80 m前後	82.57 m前後	直径8cm、残存高13cm前後、上端は水平	アカマツかクロマツ
C 2-b	杭	106 m	1.80 m前後	82.57 m前後	直径8.7×6.5cm、残存高13cm前後、上端は水平	アカマツかクロマツ
C 3-a	杭	100 m	1.80 m前後	82.57 m前後	直径7cm、残存高13cm前後、上端は水平	アカマツかクロマツ
C 3-b	杭	100 m	1.80 m前後	82.57 m前後	直径5.5cm、残存高13cm前後、上端は水平	アカマツかクロマツ
D	立木根	57 m	1.51 m	82.86 m	直径41cm、残存高19cm	アキニレ
E	杭か	54 m	1.47 m	82.90 m	直径10cm、残存高84cm、上端は不規則な凹凸状	スギ
F	立木根	57 m	1.36 m	83.01 m	幹が横たわり、両端は湖底に潜る	
H	立木根	75 m	1.58 m	82.79 m	直径32×27cm、残存高38cm	ケヤキ
I	立木根か	99 m	1.88 m	82.49 m	直径7cm、残存高7cm	
J	石材	109 m	1.99 m	82.38 m	20×20cm、高さ13cm程度の自然石3個	
K	リモナイト礫塊	123～132m	2.01 m	82.36 m	30×100cm、高さ20cm程度の礫塊が群在するように広がる	
L	リモナイト礫塊	120～128m	2.14 m	82.23 m	同上	

現在の琵琶湖の基準水位は84.371mで、水深はそれを基準としている。樹種の同定は滋賀県立琵琶湖博物館上席総括学芸員（当時）布谷知夫氏による。また、リモナイト礫塊については同博物館主任学芸員里口保文氏のご教示による。

凸状を呈していて、波浪等により自然に欠損したとみられる形状を示していた。
　また、杭Bの先端を採取して放射性炭素年代測定を行った[註2]。
　「西暦1470年頃から1660年頃の間に伐採されて打ち込まれた木材（確率95%）」
　つまり、この期間のある時期に松の木が伐採されて、まもなく人為的に打ち込まれたものといえる。杭の上端の形状からみて、打ち込まれた時点の水位はこの上端面より低かったことを意味し、その後まもなく水没したものといえる。杭の直径が10cmたらずで、腐朽が進んでいないため、打ち込まれて水没するまでさほど時間は経過していないものと判断される。
　周辺の立木根は同時に水没したことによって枯死したものと判断される。立木根Aは年輪からみて樹齢15年以上、立木根Hは年輪は不詳であるが、幹の大きさからみて樹齢は70～80年以上はあるとみられる。スギやケヤキは水没す

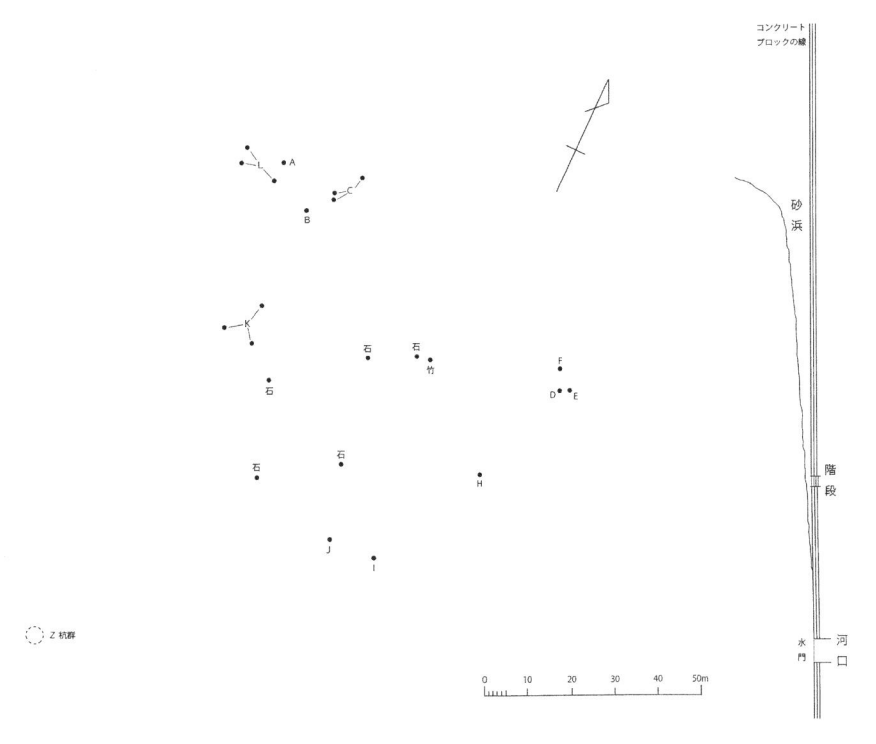

図4-4　下坂浜千軒遺跡　遺物等検出地点　平板測量による。記号は表4-1に符合

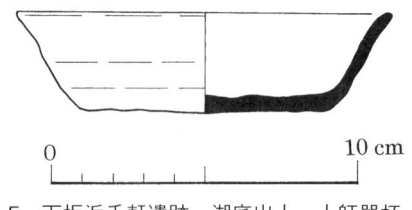

図4-5　下坂浜千軒遺跡　湖底出土　土師器杯

ると時を経ずして枯死する性質を持っているといわれ[註3]、これらの樹木が一時的な水位低下の際に生育したものとはいえ、この地が相当長年月の間陸上であったことを物語っている。

【湖底出土の土器】（図4-5）長浜大仏の沖合約90m（N35°22.187′、E136°16.210′）、水深1.49m（標高82.88m）の湖底面で発見した土師器杯1点を提示する。形態は須恵器杯そのものであるが、意識的に酸化炎で黄褐色に焼成した土師器の杯である。胎土に雲母が多くみられる。約50％が残存。口径12.3cm、高さ3.2cmを測る。8世紀後半～9世紀前半の所産とみられる[註4]。この土器は摩滅痕はほとんど認められず、現在の陸地から流れてきたものとは考えられない。出土地点が陸上であった時、遺構面か遺物包含層にあったものが、現在湖底に没したものと考えられる。

小結　第1章における琵琶湖の水位の検討から、15世紀以降の琵琶湖の水位は標高84～85m前半代であることが判明している。したがって、確認された標高82m代の湖底に存在する立木根や杭等は、地盤の変動によって湖底に没したということになり、その要因は大地震に伴う地盤変動と考えざるを得ない。地盤沈下が生ずる原因は、大地震による断層の上下動か、大きな地震動に伴う液状化による鉛直方向の地盤沈下ないし地盤の横方向への移動（側方流動または地すべり）などである（国生2005）。

　杭Bの放射性炭素年代測定による年代（西暦1470年頃～1660年頃）の示す時期に、近江に大きな影響を及ぼした地震には次のようなものがある（宇佐見2003）。
①天正13年11月29日（1586年1月18日）　震源地　岐阜県中北部　推定M7.8
　　主な被害…近江長浜で城主山内一豊の娘圧死、城および城下に大被害。飛騨白河谷で大山崩れ、帰雲山城・民家300余戸埋没し、死者多数。
②文禄5年閏7月13日（1596年9月5日）　推定震源地　大阪府高槻市付近　推

定M7.5

　　主な被害…近江国栗太郡葉山村で死者・潰家多数。伏見城天守大破、石垣崩
　　　　　　　れ、500数十人圧死。京都・大坂で死者多数。社寺・民家損壊大。
③寛文2年5月1日（1662年6月16日）　推定震源地　滋賀県高島市付近　推定
M7.25～7.6

　　主な被害…比良岳付近被害大。高島郡大溝で死者30余人、潰家1022余。彦
　　　　　　　根で死者30人、潰家1000余。京都で町屋倒潰1000、死者200余人、
　　　　　　　三方断層の西側3～4.5m隆起。ほか被害甚大。

　②は震源地に近い京都周辺に、③も震源地に近い湖西地域や若狭、京都に大きな被害があるのに対し、長浜地域に最も大きな被害を与えたのは①ということができる。

　したがって、今回の調査で発見された立木根（枯れ株）や杭の状況から、下坂浜千軒遺跡は大きな地盤の変動によって湖底に陥没したと判断され、その地盤沈下をもたらせたのは天正13年（1586）に長浜に大きな被害を及ぼした大地震であったということができる。この大地震の様子は山内家の「御家譜」に、山川は転動裂壊し、家屋はことごとく潰れ、長浜の御城中悉く顛倒し、寝殿は壊れ、一豊の娘与禰君はその下敷きとなって乳母と共に圧死したという。

　また、ルイス・フロイスがインド管区長ヴァリニアーノ師に宛てた書簡には、「近江国の長浜は1000の戸数があったが、土地が陥没して人家の半分を飲み、他の半分は同時に発生した火事により、焼失してしまった。この長浜に隣接し、時々多数の商人たちが集まる湖岸のフカタにおいては数日間激烈な振動にみまわれ、土地はことごとく海水のために吸入されてしまった。また、ここを襲った水の隆起のさまは異常で、沿岸一帯に溢れ、付近の人家すべてを洗い去ってしまった。」という旨の内容が記されている（長浜市役所1998）[註5]。なお、「フカタ」とされる地は、長浜の隣接地で、市が立てられた条件から中世から栄えた「平方」を指すとの説もある（長浜市役所1998）。現在、この平方の地は今回の調査水域北半部に隣接する陸地部に当たる。

図4-6　下坂浜千軒遺跡　杭群Ｚ地点（ブイの下）

図4-7　下坂浜千軒遺跡　立木根Ａ　上端は資料採取のため切断している

図4-8　下坂浜千軒遺跡　杭C群　上端は資料採取のため切断している

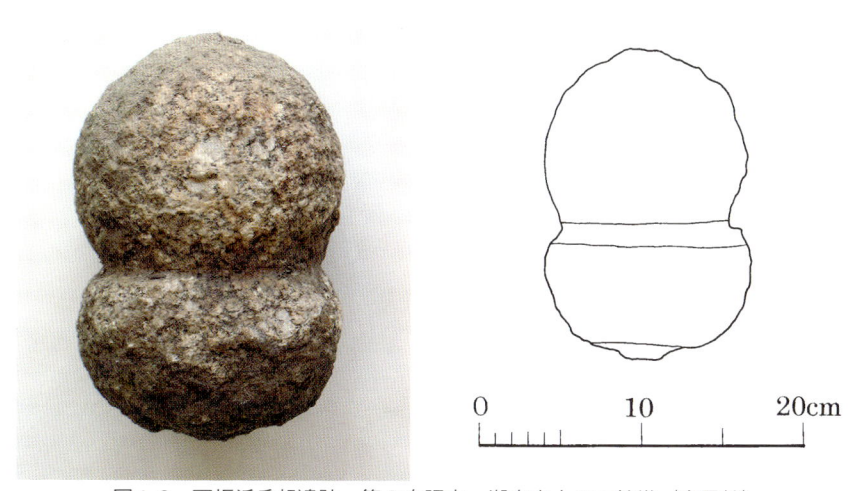

図4-9　下坂浜千軒遺跡　第2次調査・湖底出土の五輪塔（空風輪）

3）第 2 次調査

　第 2 次調査は2007 〜 2010年度に断続的に実施した。第 2 次調査は水没した村跡のさらに明瞭な痕跡を明らかにすることを目的としたものであるが、2009・2010年度には三次元サイドスキャンソナーの高精度測探調査による詳細湖底地形図から特徴的な地形を示す地点を選定して潜水調査を実施した。

　2007年度の調査において、長浜大仏の沖合約188m、GPSによる座標N30°22.082′、E136°16.238′、水深2.9m（81.47m）地点付近で湖底に打ち込まれた多数の杭が発見された（杭群Z…図 4 − 4）。その性格は明らかではないが、その杭の 1 本について放射性炭素年代測定を実施したところ、次の結果が得られた。

　「西暦1460年頃〜 1660年頃に伐採されたもの（確率95％）」

　この数値は前年、約110m北で立木根（枯れ株）などと一緒に発見された杭Bの年代とほぼ一致する。

　2010年度の最初の調査は長浜大仏のすぐ前の湖岸に近い浅位部を潜水調査した。沖合約44m、水深1.64mの地点で五輪塔（空・風） 1 個が発見された。それは横位で、一部湖底に埋もれた状態であった。高さ18.7cm、最大径12.7cmを測り、下端に柄を造り出す。黒雲母花崗岩で、磁力はきわめて低く、日本海側で産出される花崗岩ではないようだ[註6]。15世紀末〜 16世紀中頃の所産とみられる（図 4 − 9）[註7]。

　三次元サイドスキャンソナーによる詳細湖底地形図は現在の湖底面の微妙な凹凸を表現しており、自然の沖積作用によって形成されたままの状況とは考えられない。たとえば、通常、湖底面は沖合にゆくに従い次第に高度を下げていくが、この水域では陸地側が低く、沖側が高くなる箇所がいくつも存在する。こうした地形を応用地質学の研究者たちは「流れ山地形」と称している。

　続く調査は、特に著しい微高地（凸地）にA・B・C・Dの符号を付してその周辺を精査することとした（図 4 − 11）。ただ、Aポイントは計測して設置したブイがすぐに消失したため、他の 3 ポイント周辺を対象とした。ちなみに、Bポイントの座標は、N35°22.032′、E136°15.935′、沖合約610m、水深3.38m（標高80.991m）、Cポイントの座標は、N35°22.073′、E136°16.055′、水深2.99m（標高81.381m）、Dポイントの座標は、N35°21.987′、E136°16.114′、沖合約430m、水深3.12m（標高81.251m）である。

　これらの微高地（凸地）は高さ30 〜 60cm、直径100m前後を測るもので、潜

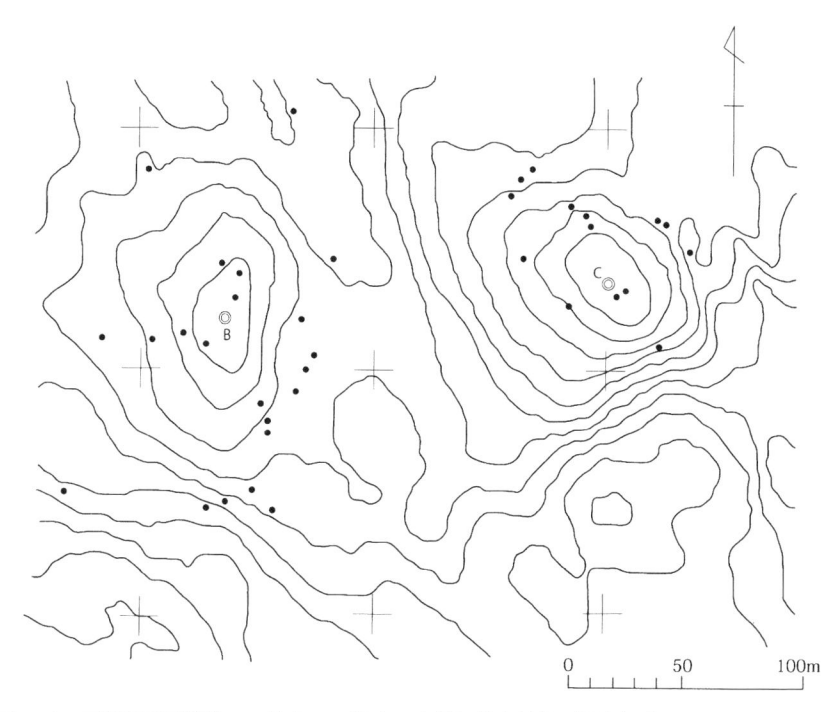

図4-10　下坂浜千軒遺跡　B地点・C地点　自然石散布状況（黒丸）等深線の間隔は10cm

水したダイバーたちは微高地という認識で把握することは不可能であった。調査した結果、遺構・遺物は発見できなかったが、湖底面には19.0×28.0×10.5cm、22.0×28.5×23.0cm程度の大きさの輝石安山岩の自然石が多数散在していることが判明した（図4－10、図4－14）。こうした大きな石が自然の沖積作用で湖底の表面に存在することは不自然な現象といえ、地盤の何らかの変動を示唆しているように思われる。

　Dポイントの周辺ではいくつかの木材が発見された。座標N35°21.989′、E136°16.117′、水深3.14m地点で発見されたものは、湖底面のすぐ下層のシルト層に包含された木材（枝）で、樹種はヤナギ類[注8]、放射性炭素年代測定によると、B.C.10840～B.C.10300の年代が示された。もう1箇所は、座標N35°21.998′、E136°16.115′、沖合約380m、水深3.70m地点で、ヤナギ類の立木根（枯れ株）5本である（図4－15）。それらの直径は、約40cm、28cm、19cm、26cm、

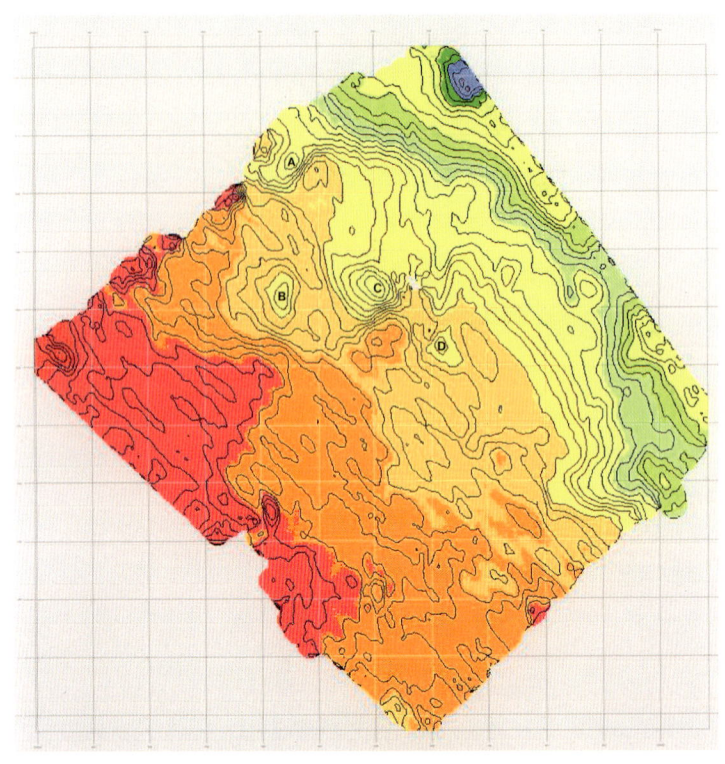

図4-11　下坂浜千軒遺跡　湖底の微高地（A・B・C・D）

図4-12　下坂浜千軒遺跡（凸地）B（丸いブイ）と石材確認地点（細長いブイ）

図4-13　下坂浜千軒遺跡（凸地）D（丸いブイ）と石材確認地点（細長いブイ）

図4-14 下坂浜千軒遺跡（凸地）周辺の湖底面に散布していた自然石（安山岩）

図4-15 下坂浜千軒遺跡　ヤナギ類立木根（枯れ株）群　沖合約380m、水深3.7m

20cmを測るもので、そのうち2本の放射性炭素年代測定によると、B.C.10610～B.C.9900、B.C.10730～B.C.10140の年代であった。いずれもほぼ同時期に枯死したものと判断される。

　これらのヤナギ類をどう解釈するか。立木根ではないシルト層に包含されたヤナギ類の枝と立木根のヤナギ類の枯死が同時期を示すことは同様の経緯を経たものと理解され、いずれも湖底の土砂の堆積過程で枯死し、堆積層の中に包含されていたものが、地盤の変動により現況に至ったものではないかと考えられる。

（林　博通）

2 湖岸陸地部の地盤調査

1) 陸域の地盤構造

　下坂浜の湖岸地域の浅い地質構造を表面波探査と調査ボーリング、スウェーデン式サウンディングによって調査した（図4-16）。図4-17は、S波速度断面を示している。湖岸付近では、地表から深さ3m付近までは比較的締まった堅い地盤からなる。深度3-4m（厚さ約1m）に低速度帯（柔らかい部分）を挟在するが、それ以深ではやや締まった地層が分布している。内陸部では、河川システムの影響を受けた砂礫層と思われる厚い高速度層が地表から深度8m付

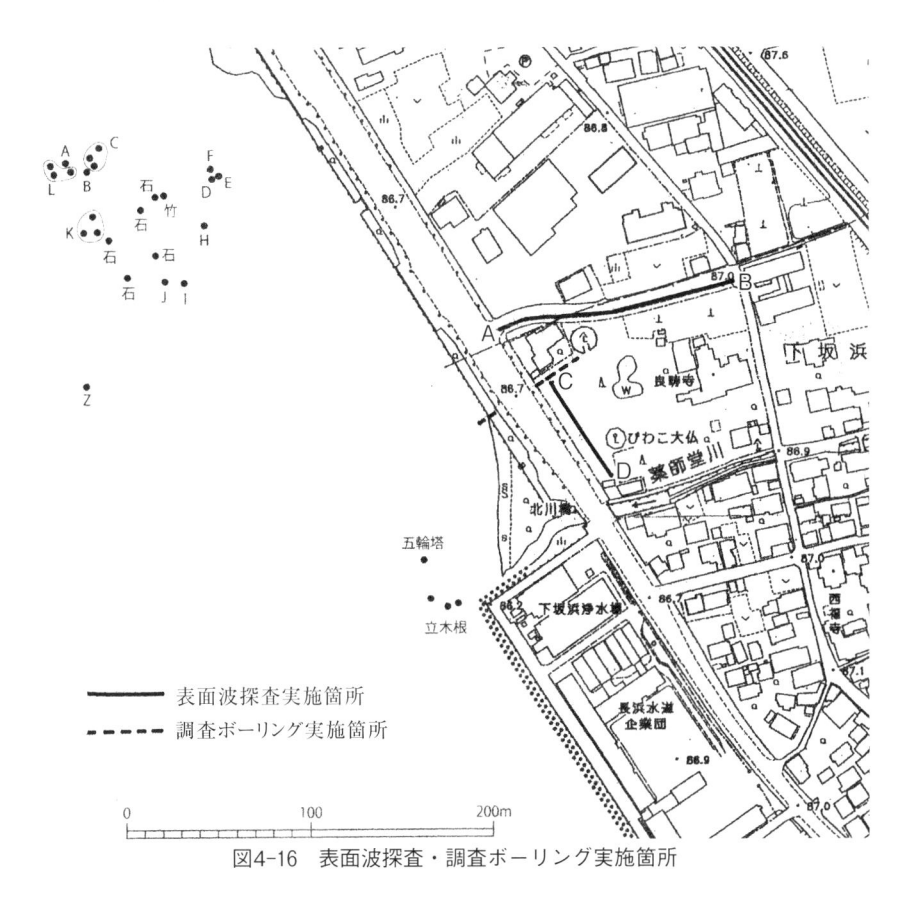

図4-16　表面波探査・調査ボーリング実施箇所

近まで分布している。

　図4-18は、湖岸から良疇寺境内までの測線上で実施したサウンディングと調査ボーリングの結果である。前浜では、深度10mのスウェーデン式サウンディング試験を3箇所（SW1-3）実施した。前浜における表層1m程度は、湖岸流によって運ばれた均質で、柔らかい砂層（Nsw＜10）で覆われている。これ以深（1-3.5m）は厚さ2.0-2.5mの礫層（図4-18のNSw100〜200の部分）からなる。礫層以深は、再び砂と粘土の互層からなる。この礫層は、極めて良く締まった特徴的な地層であり、人工的に締め固められた可能性が考えられる。かつて、良疇寺は現在よりも湖岸に近い位置に存在したと伝えられている。したがって、この礫層は旧良疇寺の基礎地業であった可能性を指摘できる。一方、やや内陸部（現在の良疇寺駐車場敷地）では、表層から深さ1m前後まで現代の盛土が分布する。盛土の直下には薄く原地盤を覆っていたと考えられる柔らかい砂層（Nsw10〜50）が認められ、さらに深度1.80〜2.70m間では、良く締まった礫層が確認された。この礫層は、分布状況や締まり具合から判断すると、前浜で確認された深度1.0以深の礫層に対比される。これ以深は前浜と同様、砂（Nsw100〜200）と粘土（Nsw10

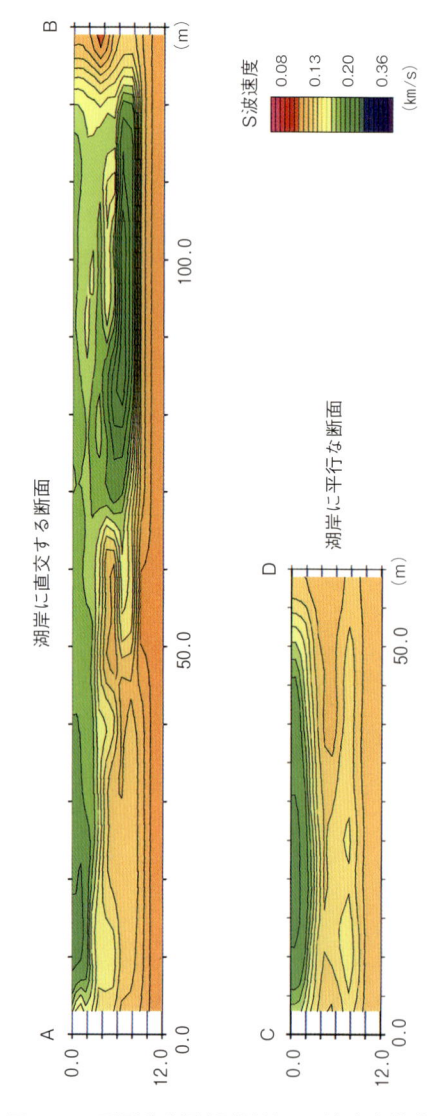

図4-17　下坂浜千軒遺跡陸域のＳ波速度構造

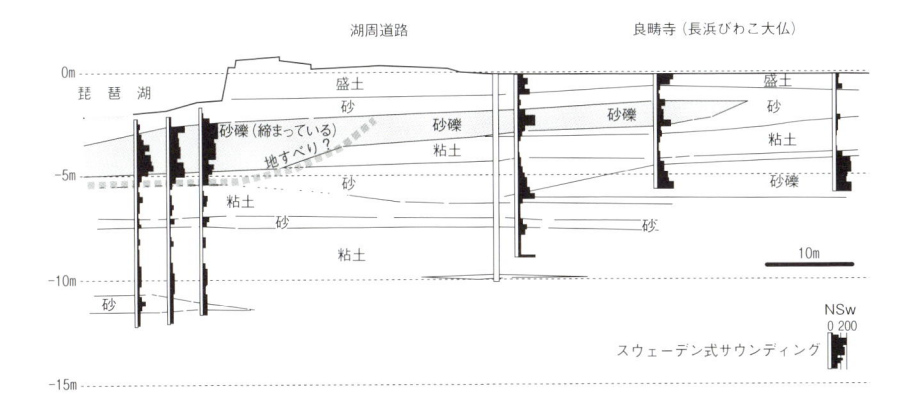

図4-18　下坂浜千軒遺跡陸域の地質構造

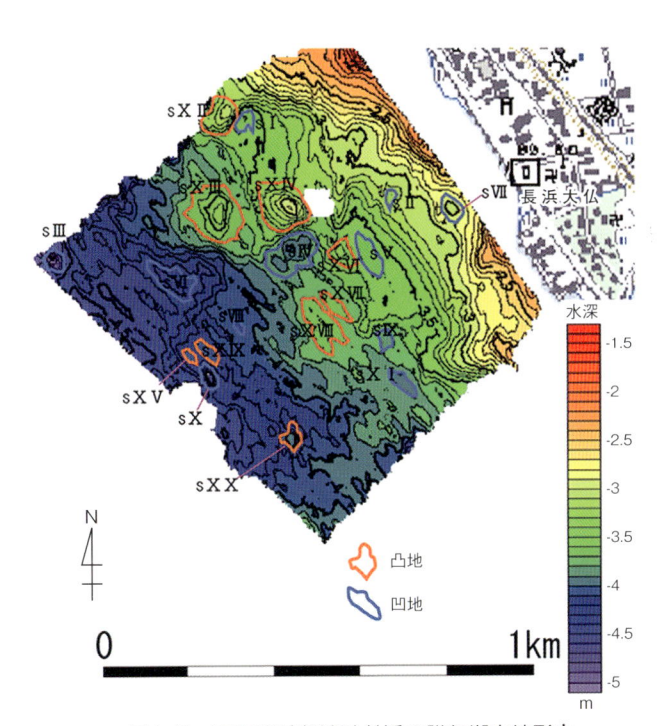

図4-19　下坂浜千軒遺跡付近の詳細湖底地形＊

〜40）の互層である。特に深度3－4mに分布する柔らかい粘土層は、表面波探査で認められた低速度帯に対応すると考えられる。すなわち、沿岸部における表面波探査とサウンディングと調査ボーリングによる調査の結果はほぼ一致し、地表から3m程度までは堅く、1m程度の軟弱層を挟んで再び堅くなるという3層構造である。この点は、尚江千軒での結果と同様の地質構造である。より内陸のSW-5〜6地点の深度4.0m以深では、Nsw>200の厚い礫層が分布する。表面波探査で認められた内陸部における高速度層は、この礫層に相当する可能性が高い。

2) 下坂浜千軒遺跡の成因

　下坂浜千軒における前浜から内陸にかけて地層は、全体としてはほぼ水平に連続すると考えられる。しかし、上記の良く締まった礫層の下底面のみは、下位の粘土層を切って湖側に傾斜している可能性が高い。湖岸と良疇寺境内の間は、湖周道路となっているため、調査が出来ない。したがって詳細は不明であるが、こうした礫層下底面高度の食い違いは、この礫層と下位の粘土の間で地すべりが発生したことを示すものと考えられる。現良疇寺の縁起では、以前の良疇寺主要部分は現在の湖中にあったとされている。陸域で確認された地質構造は、旧良疇寺の大部分が基礎地業ごと湖にすべり落ちたと可能性を示しており、寺の縁起を裏付けている。地層の傾斜は極めて緩く、こうした湖岸地すべりの誘因としては、地震が有力である。下坂浜千軒遺跡は、1586年の天正地震で成立したことが資料の点からも裏付けられているが、上記の地盤構造はこの地震で発生した湖岸地すべりによって、遺物が湖底に運搬され、形成に至った事を示唆している。

（釜井俊孝）

3　湖底の地層探査

1) 湖底地形とその特徴

　水深データから作成した25cmごとの等深線による湖底地形図（図4-19）をみると、湖岸から約600mで水深4m、約800mで水深5mと、全域で水深は浅く遠浅の地形を呈する。一方、等深線は単調ではなく、最大1m程度の起伏を

示す地形が多数認められる。地形の起伏を誇張した3次元湖底地形（図4－20）でみると、尾根と谷が不連続となる部分や凹凸の激しい独立した「流れ山地形」（図4－21）[注9]などの特徴がさらに明瞭となる。

2）音波探査結果

音波探査は岸沖方向の測線とこれに斜交する測線で実施し、その結果断面をパネルダイヤグラム（図4－22）として作成した。

湖底下にみられる第一反射面の上面をそれぞれの探査断面でトレースし、各反射点の三次元的点群データを取得し、これから全域の第一反射面上面分布（図4－23）を推定した。反射面の上面分布図をみると、最大2m程度の規模で凹凸に富んだ面となっている。

3）小結

湖底には、比高1m以下が殆どであるものの、尾根と谷が不連続となる部分や凹凸の激しい独立した「流れ山地形」が広い範囲で明瞭にみられ、地すべりに特徴的な地形を示している。さらに音波探査の第一反射面上面分布から、移動土層の厚さは薄く、等水深線間隔が密な崖線と考えられる地形や、凸型の異常な形態が見られる。これらのことから、遺跡の範囲は湖岸から異常地形の沖側境界までと考えられる。

遺跡水没については、『御家譜』やルイス・フロイスの書簡に記載のある天正13年（1586年）に長浜に大きな被害を及ぼした大地震の伝承があり、出土物の杭の腐食が進んでいないことから、打ち込まれて間もなく湖中に沈んだ（林2007）とされている。

湖底地形からは、等水深線の乱れや流れ山など地すべりに特徴的な異常地形が広い範囲で明瞭に識別できる。音波探査から推定された表層はぎ取り後の旧湖底地形にも、等水深線の乱れ、凹地、小丘などの地すべりに特徴的な地形が見られる。さらにすべりは広範囲に及び、その層厚が薄いという特徴を持っている。

以上のことから、遺跡水没のメカニズムは、琵琶湖湖岸にあった集落が地震に伴うすべりによって湖側へ大規模に流動化しながら移動し、短時間に水中に没したと考えられる。

（原口　強）

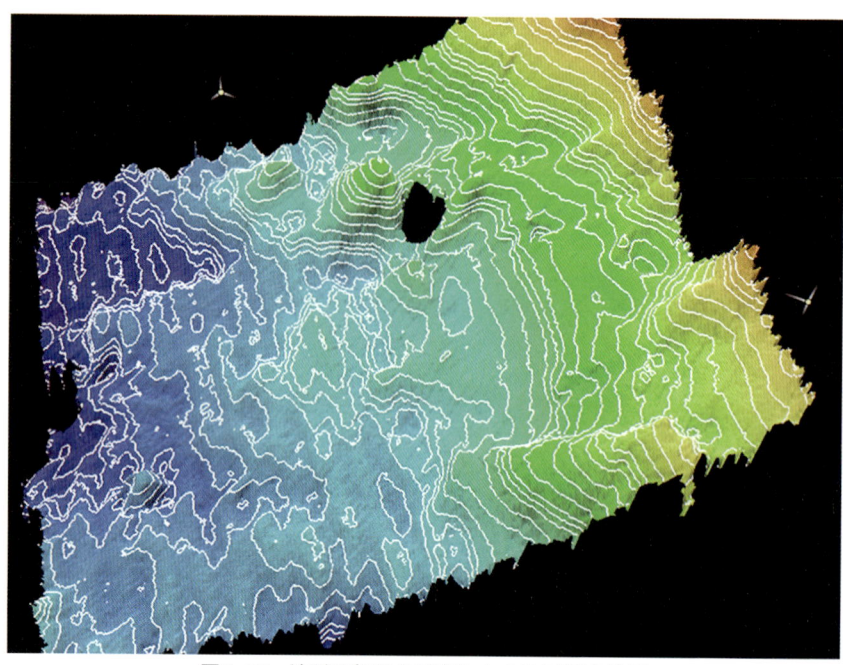

図4-20 地形の起伏を誇張した3次元湖底地形

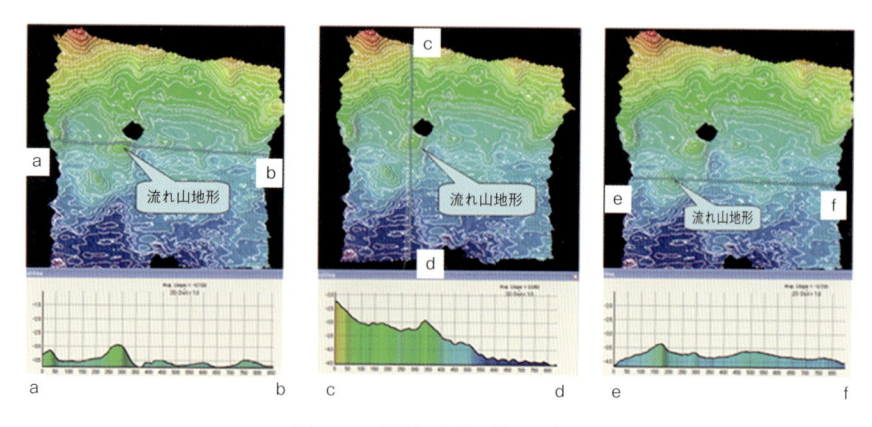

図4-21 「流れ山地形」の断面

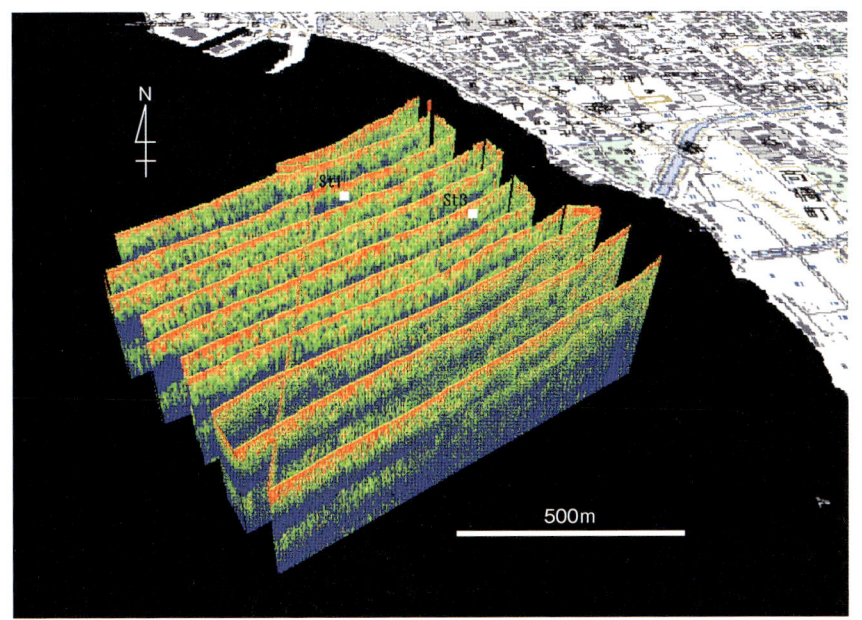

図4-22 下坂浜千軒遺跡付近の音波探査断面のパネルダイヤグラム ＊

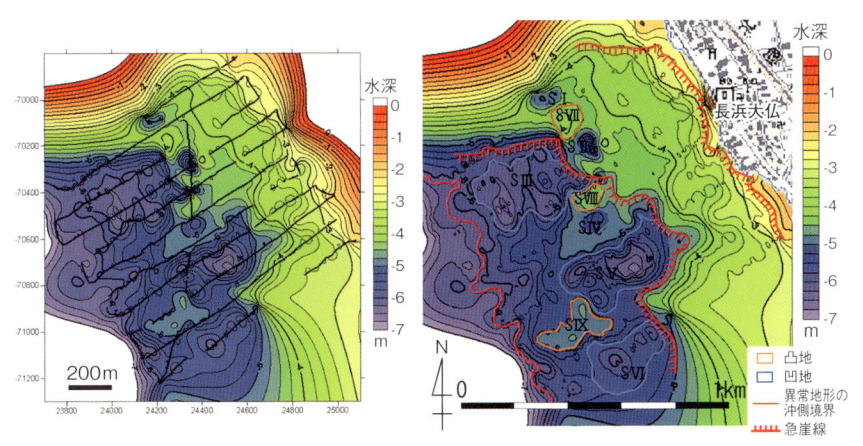

図4-23 音波探査の第一反射面上面分布

図4-24 下坂浜千軒遺跡付近、表層はぎ取り後の旧湖底地形 ＊

第4章 下坂浜千軒遺跡の調査　125

4　まとめ

　釜井は良疇寺境内の北側および西端の駐車場での表面波探査と調査ボーリング、スウェーデン式サウンディング、そことは道路を隔てた湖岸での調査ボーリング、スウェーデン式サウンディングを行い、次のような結果を得ている。
　人工的に締められた可能性のある固く締まった礫層が、下位の粘土層を切って湖側に傾斜していることが判明した。このことは、良疇寺が昔はずっと湖側に広がっていたとする寺伝を考慮すると、この礫層は旧良疇寺境内の基礎地業(きそじごう)の可能性が高く、大地震に伴い旧良疇寺の大部分が基礎地業ごと湖側に地すべりを起こした結果であると判断された。
　原口は三次元サイドスキャンソナーで計測した湖底の微地形観察や音波探査による調査の結果、湖岸から約1kmの沖合にかけて地すべりに特有の、尾根と谷が不連続となる部分や凹凸の激しい独立した「流れ山地形」が特徴的に認められ、この地形は広範囲におよび、しかも層厚が薄い特徴をもつことを明らかにした。
　したがって、伝承や口伝にあるように、湖岸にあった集落が大地震に伴う地すべりによって、大規模に流動化しながら移動し、短時間に水中に没したと結論された。
　こうした釜井・原口による応用地質学的調査結果と林の考古学的調査結果を照合・検討すると、この下坂浜千軒遺跡の成因は次のように結論付けることができる。
　この一連の調査で明確な集落の遺構は確認できなかったものの、多数の立木根(枯れ株)や打ち込まれた杭、土器、基礎地業かとみられる固く締まった礫層など、一帯がかつて陸地であったことを示す物証の存在が明らかとなった。そして、複数の杭の放射性炭素年代測定により、水没した年代が西暦1460年頃〜1660年頃と判明した。この時期にこの地に大被害を与えた大地震は天正13年11月29日(1586年1月18日)の大地震(推定M7.8)であり、その被害状況は長浜城主山内家の「御家譜」やルイス・フロイスの書簡などの文献史料からも裏付けられる。
　したがって、下坂浜千軒遺跡は天正13年の大地震の液状化に伴う地すべり(側方流動)によって湖底に没したと結論することができる。
　なお、下坂浜千軒遺跡の北西約2.2kmの長浜市祇園町の沖合約150m一帯に

ある西浜千軒遺跡（かつて存在した西浜村が沈んだと推定される遺跡）について、2011年夏、滋賀県立大学の学生サークル琵琶湖水中考古学研究会（代表 中川 永－大学院博士前期課程1回生）が調査したところ、水深1.2〜1.5m（標高82.87〜83.17m）の水域で遺構・遺物が確認された。この水域は2007年、滋賀県立大学林研究室の行った調査で異様な微高地の広がりを確認し、遺構・遺物の存在を予測したが、その後、調査は未遂に終わっていた水域である。研究会はその一画に五輪塔や石仏を含む石群の広がりを発見し、そのなかに人為的に積み並べたとみられる石材の方形区画や石積み遺構も確認している。五輪塔の形態などから16世紀前半〜17世紀初頭頃のものと判断され、集落の「墓地」と考えられる。

　西浜村に関する文献史料には、長浜八幡神社に所蔵される永享7年（1435）、八幡神社の社殿再建の寄付金徴集を目的に興行された勧進猿楽に関する記録『勧進猿楽奉加帳』の中の、観覧のための桟敷の割席を示す記録中に、相撲村と祇園中村の間に「西浜村」が記載されていて、この二つの村の近隣に西浜村のあったことが窺われる。現在も存続している相撲と祇園の集落に接して現存

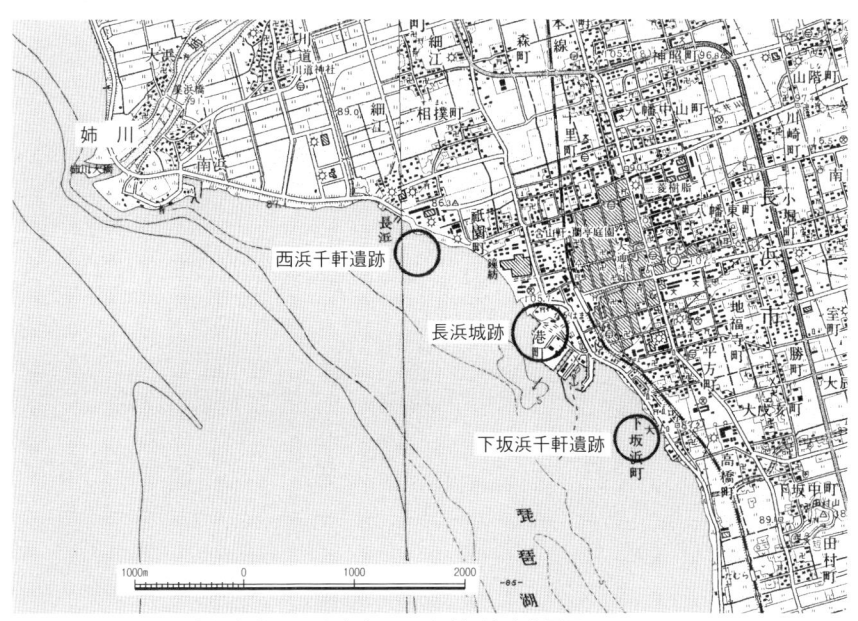

図4-25　下坂浜千軒遺跡、長浜城跡、西浜千軒遺跡位置図　国土地理院1/50,000による

しない「西浜村」はあったといえる。

　また、伝承や口伝に関するものとして、西浜村は祇園村の湖側にあって、寛正年間（1460～1466年、現時点ではこの時期の大地震は確認されていない）あるいは寛文2年（1662）の大地震で湖底に没し、その災害からまぬがれた人たちは近隣の祇園村や長浜町に移り住み、いずれも西浜姓を名乗っているという。そして、彼らは仲間として現在も「西浜同行」と称して西浜村に関する遺品である阿弥陀如来画像裏書（文亀2年—1502年）や木造仏、仏具等を大切に守り、関連する12箇寺が輪番で下寄講という報恩講を毎年行っている。

　先の調査で確認された、墓地とみられる遺構は、その位置関係からみて西浜村に関する遺構とみて間違いなく、当時の水位が84m～85m前半代であったことから、地盤の変動によって湖底に没したものといえる。その原因は大地震による液状化に伴う地すべり（側方流動）と判断され、出土遺物から導き出される16世紀前半～17世紀初頭頃という年代から、この大地震は伝承とは異なるものの、天正13年（1586）の大地震と考えられるのである。

　下坂浜千軒遺跡の明瞭な集落遺構は未確認ではあるが、北西約2.2kmにある、同時に水没した西浜千軒遺跡で明確な集落関連遺構が確認されたことは下坂浜千軒遺跡を考えるうえでも重要である。

（林　博通）

註

1．第1次調査参加者：中川亜樹・安田美加・野木直人(2006年度卒)、石田雄士(2007年度修士終了)、三輪純子・吉田藍(2007年度卒)、田川智子・石塚潔子・西川典恵(O.B.)

　　第2次調査参加者：大沢永治・高橋朋美(2008年度卒)、青木大幸(2009年度卒)、早川博規(2009年度4回生)、北川遼・中川永・下山貴生(2010年度卒)、仲田周平・八木宏明(2010年度3回生)、大西遼(2010年度2回生)

2．立木根Aについても放射性炭素年代測定を行ったが、残念ながらエラーの測定結果であった。

3．滋賀県立琵琶湖博物館(当時)布谷知夫氏のご教示による。

4．滋賀県教育委員会文化財保護課畑中英二氏のご教示による。

5．松田毅一・川崎桃太訳『フロイス日本史5』五畿内篇　中央公論社1978年では、この「津波」に関しては、若狭国の長浜という町のできごととして記し、訳者註

として、若狭には長浜という地名はないことから、高浜の誤りではないかとする。また、この若狭の長浜は伊勢湾奥部にある長島ではないかとする説もある（八木ほか1984）。実態は不詳。
6．兵庫県立大学自然・環境科学研究所准教授・先山徹氏の鑑定による。
7．長浜市歴史博物館長(当時)中井均氏のご教示による。
8．滋賀県立琵琶湖博物館(当時)布谷知夫氏の樹種同定による。
9．「流れ山地形」とは、山体崩壊や地すべりに伴い、移動した岩塊によって形成された無数の小山が散在する地形。大規模で代表的なものとしては秋田県鳥海山山麓の象潟や長崎県島原市の九十九島がある。後者は1792年（寛政4）4月1日の地震で城下町島原の背後の眉山が崩れ、有明海に流れ込み、その時生じた多数の島々や周辺の小山である（図4-26）。長浜沖でみられるものは小規模であるが、その形態が極似する。

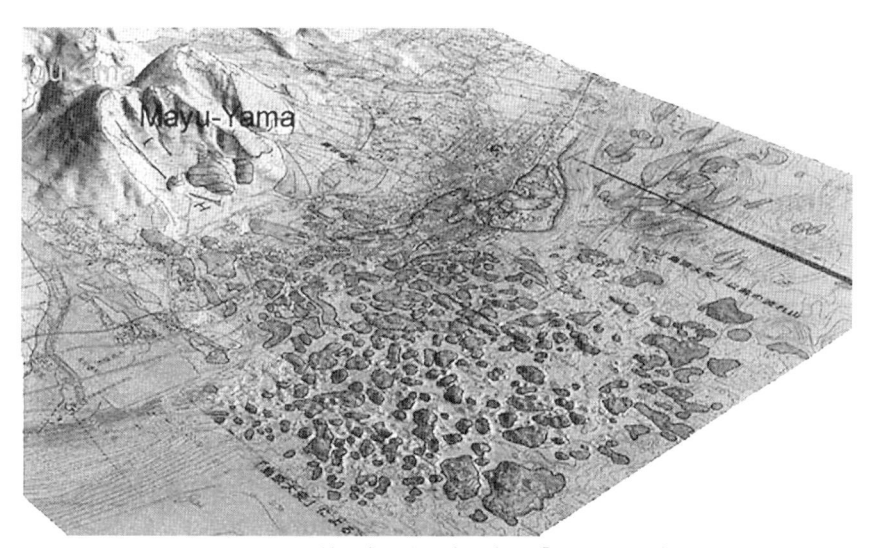

図4-26　長崎県島原市九十九島の「流れ山地形」

＊印の図は、大阪市立大学2009年度卒業の山本泰雅による作図。

第5章　おわりに

共同研究の成果と湖底遺跡研究の問題点

　これまで、琵琶湖湖底遺跡の、特に現在なぜ湖底なのかというその成因に関して、あるいは、琵琶湖岸の歴史的変遷等の究明については、考古学や文献史学、歴史地理学など、主に人文系の研究者のみによって研究が進められることが多かった。また、各分野の研究者が他分野の既存の研究成果を活用して、その研究を推進・展開する事例も見受けられる。そのため、その研究方法や論の進め方、証明の仕方に偏りや想定・推定の部分が多く、一つの限界を越えることができなかったように思われる。

　本研究は、研究方法の全く異なる別分野の研究者が、同一の研究対象に対して、それぞれ異なった研究方法で取り組み、現地調査してそれらの結果を照合・検討することによって、共通の命題に対して結論を出すという、これまでになかった方法で取組んだことが大きな特徴である。

　この３人の共同研究において、林の担当する考古学的調査・研究が先行し、それなりの結論はある程度出してはいたものの、やはり想定・推定にかかる部分が多く、確信がもてないところがあったことは否めない。人文系のみの研究方法ではどうしても越えられない核心部分を理工系の釜井・原口両氏の研究によって解き明かすことができたのは、この共同研究の大きな成果で、湖底遺跡の成因の一つの解明が大きく前進したといえる。

　しかし、三者の研究内容について、いずれもこれが100％の成果というわけではなく、さらに解明すべき問題は数多く残されている。それについては課題として将来に託したいと思う。

　今回、共同研究の対象とした３遺跡は「ある時村が沈んだ」という伝承をもつ湖底遺跡で、いずれも伝承にあるように大地震で湖底に没したという結論に達したが、現時点では100前後ある琵琶湖湖底遺跡すべてが大地震によって湖底に没したとすることはできない。確かに、弥生時代の湖底遺跡である高島市の針江浜遺跡では弥生前期末〜中期初頭に発生した大地震による噴砂跡や倒木が発掘され、草津市の烏丸崎遺跡では弥生前期後葉に起こった大地震による噴砂によって竪穴住居が引き裂かれたりしていて、地盤の低下が窺える遺跡もあるが、そうした証拠がすべての遺跡で確認されているわけではない。

　また、湖底遺跡の成立には琵琶湖の水位も大きく関わってくる。第１章でも述べたように、過去の水位が明らかになっているのは15世紀以降で、現状では

それ以前については推定の域を出ていない。すべての湖底遺跡の成因を解明するためには、時系列に沿った琵琶湖の水位と個々の湖底遺跡の状況をていねいに把握する以外に方法はない。

仮に、縄文時代早期の、食糧を蒸し焼きにする集石土坑などが検出された守山市赤野井湾遺跡や弥生時代前期の堅穴住居の検出された針江浜遺跡について、地盤は不変で水位のみが上昇して湖底遺跡となったと想定した場合を考えてみよう。赤野井湾遺跡の遺構面は標高81m前後、針江浜遺跡の遺構面は標高81.5m前後である。琵琶湖で通常おきる自然な水位の上昇や波浪の影響を考慮した、湖岸での安全な居住地と湖面との高低差は最低でも1.5mは必要と考えられる(註1)ので、当時の水位は79.5m～80.0m以下とみなければならない。

まず、一つの問題点は、古代の壬申の乱における最後の決戦地、瀬田川の攻防戦（672年7月22日）の勢多橋の橋脚台遺構が現在の瀬田唐橋の下流約80mの地点で発掘されているが、その橋脚は川底の地盤がきわめて硬いためか、打込み式ではなく、組立式によるものであった（滋賀県教育委員会ほか1992）。その川底の標高は80.6m前後で、硬く締まった砂礫層上に組立てられていた。この砂礫層は縄文・弥生時代以降の堆積層ではなく、人為の加えられていない「地山」、いいかえると縄文・弥生時代以前からの地盤と考えられる(註2)。ここが縄文・弥生時代の瀬田川と同一の流路と仮定し、考定したその頃の水位が79.5m～80.0m以下とするならば、瀬田川の川底の方が高位となり琵琶湖の水の流出する場所がないという矛盾を生じることとなる。

次の問題点は、水位が上昇する原因は何かということである。未曾有の大洪水を被った明治29年（1896）、プラス3.73m（標高88.10m）の最高水位を測ったのは9月で、この年の平均水位はプラス1.24mであったが、翌年の平均水位はプラス0.84m（85.21m）で、南郷洗堰設置前における通常の水位に戻っている。つまり、あれだけの大増水が起こっても恒常的な水位の上昇にはつながらないのである。水位が恒常的に高くなるということは、湖尻あるいは瀬田川入口付近の底が高くなるということを意味し、その原因は土砂の堆積か地盤の上昇に帰結せざるを得ない。単純に考えると、縄文・弥生時代から遅くとも15～16世紀までの間に、自然の営力によって5～6m以上の底上げがあったということになるが、まだ実証されていない。

湖底遺跡の成因を水位の上昇に求める場合、安易に上昇を想定するだけでなく、地盤沈下を考える場合と同様に、なぜ上昇するのかその具体的メカニズム

を立証する必要がある。

　今回の調査・研究の成果、すなわち、大地震の液状化に伴う地すべり（側方流動）による湖底遺跡の成立という成果は、元は湖岸の軟弱地盤に立地していたであろう湖底遺跡の多くに適合可能な要因といえよう。

　本研究は湖底遺跡、特に水没村伝承の湖底遺跡の実態把握と成立要因の解明という命題に取組んだものであったが、これは単に歴史解明にとどまるものではない。琵琶湖岸で生活する姿は原始・古代から今日まで連綿と続いている。過去の湖岸集落が大地震によって湖底に沈んだという歴史事実は、今日的問題でもあるからだ。将来、琵琶湖周辺部での大地震の発生が予測されるなか、それに対する防災対策を検討する上で、本研究の成果は重要な示唆を与えるものと確信する。

（林　博通）

現代における防災上の意義

　琵琶湖の千軒遺跡に関する一連の調査は、地震によって湖岸の地盤が液状化し、当時の集落が湖底にすべり落ちた可能性を強く示唆している。現代では、こうした沿岸域の地すべりによる水没現象を考慮した都市計画や防災計画はほとんど見られない。しかし、同様な地盤条件と内陸地震の可能性は、大規模湖沼の沿岸域や大河川の河口三角州に広く存在している。1596年慶長の地震による別府湾瓜生島の消滅、古代アレキサンドリアの4世紀以降の衰退は沿岸域の地すべりが直接の原因であった可能性が高い。現代においても、1964年新潟地震の際には粟島で、1999年トルコ・コジャエリ地震の際にはマルマラ海沿岸で、尚江千軒遺跡と同様の地すべりによる陸地の水没現象が発生している。したがって、水際まで開発が進んだ現代都市においては、こうした現象を災害リスクとして再評価することが重要である。すなわち、琵琶湖湖底遺跡の調査は、水際に位置する大都市の生存基盤評価を行う際、その基礎資料を提供するものであると言える。

（釜井俊孝）

多面的な湖底遺跡研究への期待

　考古学や文献史学、歴史地理学などの知見から、水没村といわれる湖底遺跡において湖底の地層探査を実施したところ、地震に伴う地すべりに特徴的な地形や地層構造が認められた。陸上部の地下構造の研究成果を加え、これらの知見を統合化することで湖底遺跡形成の謎が解き明かされ、湖岸集落が地震に伴う液状化や地すべりなどの地盤変動によって湖底に沈んだプロセスをイメージすることができ、その年代も推定可能となった。

　尚江千軒遺跡を含むこうした3遺跡の調査結果や特徴はすでに述べたとおりであるが、琵琶湖にはこれ以外にも湖岸に多数の遺跡が存在する。このうち地震に伴う複数の現象が重なる可能性の高い注目すべき遺跡として「塩津港遺跡」が存在するので、ここで紹介しておきたい。

塩津港遺跡　塩津港は琵琶湖の北端、琵琶湖水運の主要な位置を占め、鎌倉時代ぐらいまでは非常に栄えた港町であった。しかし、神社が建っていた河口の中州が水没し、その後港が衰退したと考えられている。遺跡では、平成18年からの発掘調査で平安時代後期の神社遺構が検出され、紀年銘木簡が出土しているが、1185年以降はほとんど出土せず、大量の土師器皿もほぼこの時を境に出土しなくなることから、平安時代末期に神社はほぼ機能を失ったとされている。神社は起請文を書いた木札を納める所で、物資の流通や決済を保証する機関であるが、被災によりその機能と信用を失ったことが神社衰退の原因とも考えられている。

　これまでの発掘により、遺構では、①鎌倉時代までの地表面が今の琵琶湖の水面よりも低いこと、②神社建物は沖合からの強い流れで壊され、③壊れた層準が砂によって覆われていること、④液状化の跡が見られること、などが判明している[註3]。

　鎌倉時代までの地表面が今の琵琶湖の水面よりも低い原因として、その後の湖面の上昇も考えられるが、遺跡内には液状化の跡が見られることから、地震に伴う液状化による地盤沈下でも説明可能である。一方、遺跡前面水域で実施した音波探査断面には陸側に傾斜する明瞭なすべり面が認められることから、地震時の側方流動に伴うすべりによって、神社が大きく湖側へすべったことも想定される。

　さらに、建物は沖合からの強い流れで壊され全面が砂によって覆われている

ことから、土砂移動を伴う強い流れがその後神社を襲ったとみられる。年代については紀年銘木簡の出土状況から、今のところ1185年（元暦２年）の地震が有力である。この地震を発生させた候補としては琵琶湖西岸断層の活動があり、断層運動により湖底が変位し、津波を発生させた可能性がある。今後の詳細な研究成果を待ちたい。

　湖底遺跡の成因は応用地質学的な手法だけでは解決できないもので、考古学や文献史学等の知見を踏まえた多面的な湖底遺跡調査が必要であり、今回の成果はこうした知見を前提とした予察立証型の研究成果である。今後ともこうした多面的な湖底遺跡研究に期待したい。

（原口　強）

註

1．①近年の琵琶湖の水位に基づいて形成されたとみられる琵琶湖沿岸部各所の湖岸の浜堤は、概して標高85.5〜86.0ｍを測り、この位置まで波浪の影響のあったことを示している。そして、住宅は低い所で86.3〜86.5ｍの位置に建てられている。②また、江戸時代あるいはそれ以前から存在していたとみられる湖岸の町並み集落、高島市海津や今津、長浜市下坂浜、米原市朝妻筑摩などの集落立地の標高は87.0ｍ前後を測る。

　　こうみると、現在の湖岸の住宅立地の高さは大きくみて２種類あることが分かる。

　　①の数値は南郷洗堰設置前の江戸時代の水位85ｍ前半代（彦根藩お浜御殿の1852年頃の船着場跡から割出した水位は85.2ｍ前後）を前提として、膳所藩史料の「郡方日記」の水位記録の最高値（測量基点から100㎝を優に越える年は頻繁に認められる）等を勘案すると、波浪の影響はさらに高くなるはずで、水害に遭う確率はきわめて高くなり、実情にそぐわない。また、琵琶湖の水位観測開始以降、南郷洗堰設置以前の、明治７年（1874）から明治20年（1887）までの最高水位記録をみると、明治９年の＋94㎝（基準水位84.371ｍ）を除くと、すべての年は＋100㎝を越し、明治17年・18年は＋212㎝・＋268㎝であった。このため、①の湖岸のベースは水位の下がった南郷洗堰設置（1905年）から、さらに水位の下がる琵琶湖総合開発（1992年終了）以前の水位に基づき形成されたものと判断される。その水位は84.64〜84.96ｍで、その平均値を84.8ｍとすると、低位置の住宅地86.3ｍとの差は1.5ｍとなる。

　　このようにみて、一段高い②の数値は江戸時代の水位85ｍ前半代に1.5ｍをプラ

スすると、87.0ｍ前後の数値となる。
2 ．勢多橋の橋脚遺構の検出地点付近は、川底から厚さ2ｍ程度は基本的には砂礫層ないし砂層となっていて、標準貫入試験の打撃数（Ｎ値）が20〜33程度のよく締まった層となっている。
3 ．発掘担当者㈶滋賀県文化財保護協会横田洋三氏のご教示による。

謝意

　研究の遂行および本書の刊行に当たっては、防災研究所一般共同研究20G-03と京都大学生存基盤科学研究ユニット・サイト型研究（滋賀サイト）による援助を受けた。これらを併せて記し、ここに謝意を表する。　　　（釜井俊孝）

　本書に関する琵琶湖湖底遺跡の調査・研究に当たっては、文部科学省の科学研究費、滋賀県立大学の各種研究費、三菱財団の研究助成費の援助を受けたことを明記する。　　　　　　　　　　　　　　　　　　　　（林　博通）

　本書をまとめるに当たっては、近年の困難な出版事情の中、カラーで、しかもレイアウトの難しい図版を数多く掲載していただいたサンライズ出版の岩根治美専務をはじめ、編集担当の岸田幸治氏、矢島潤氏の本書に対するご理解とご努力に心から感謝申し上げたい。　　　　　　　　　　　　　（著者一同）

参考文献

第1章

秋田裕毅『びわ湖湖底遺跡の謎』 創元社 1997年

池淵周一・庄建治朗・宮井宏「琵琶湖の歴史洪水の復元とその定性的検証」(『水文・水資源学会誌』 8 - 1 1995年)

大沼芳幸「針江大川航路、針江浜遺跡」(『文化財調査出土遺物仮収納保管業務昭和62年度発掘調査概要』 滋賀県教育委員会・滋賀県文化財保護協会 1988年)

大沼芳幸「針江大川航路浚渫(3)針江浜遺跡」(『文化財調査出土遺物仮収納保管業務平成元年度発掘調査概要』 滋賀県教育委員会・滋賀県文化財保護協会 1990年)

横田洋三「塩津港遺跡に見る琵琶湖の水位変動」(『琵琶湖と地域文化―林博通先生退任記念論集』サンライズ出版 2011年)

大津市教育委員会『坂本城発掘調査報告書』2008年

滋賀県安土城郭調査研究所『織豊期城郭基礎調査報告書1』1996年

大津市教育委員会『大津城跡発掘調査報告書―浜大津公共駐車場・スカイプラザ浜大津建設に伴う―』1999年

滋賀県安土城郭調査研究所『特別史跡安土城跡発掘調査報告書10―主郭西面・搦手道湖辺部の調査―』2000年

滋賀県安土城郭調査研究所『特別史跡安土城跡発掘調査報告書13』2003年

滋賀県教育委員会・滋賀県文化財保護協会『宇曽川災害復旧助成事業に伴う妙楽寺遺跡Ⅲ』1989年

谷岡武雄『平野の開発』 古今書院 1964年

林博通・釜井俊孝・原口強「琵琶湖湖底遺跡・尚江千軒遺跡の考古学的調査と地盤工学的調査」(『人間文化』22号 滋賀県立大学人間文化学部研究報告 2007年)

物理探査学会『物理探査適用の手引き(とくに土木分野への利用)』第14章 pp.385-412 2008年

海洋音響研究会『海洋音響―基礎と応用―』成山堂書店 260 p 1984年

野々垣進・升本眞二・塩野清治『3次B-スプラインを用いた地層境界面の推定 情報地質』vol.19 no.2 pp.61-77 2008年

第2章

林博通「琵琶湖湖底遺跡の研究―三ツ矢千軒遺跡の調査―」(『環琵琶湖地域論』思文閣出版 2003年)

宇佐美龍夫『最新版日本被害地震総覧』　東京大学出版会　2003年ほか
大長昭雄・松田時彦「寛文二年の近江の地震―地変を語る郷帳」（『古地震―歴史資料と活断層からさぐる』東京大学出版会　1982年）

第3章
林博通『尚江千軒遺跡―琵琶湖湖底遺跡の調査・研究―』　サンライズ出版　2004年
森岡秀人・藤川祐作「矢穴の型式学」（『古代学研究』第180号　2008年）
中井均（『筑摩湖岸遺跡発掘調査報告書』　米原市教育委員会　1986年）
宇佐美龍夫『最新版日本被害地震総覧』　東京大学出版会　2003年
伊藤英文・八木伸二郎・上田さち子「文政二年近江地震」（『大阪府立大学歴史研究』24　1986年）

第4章
林博通「琵琶湖湖底遺跡・下坂浜千軒遺跡の調査」（『淡海文化財論叢第2輯』淡海文化財論叢刊行会　2007年）
中川亜樹『琵琶湖湖底遺跡の研究―長浜市下坂浜千軒遺跡について―』　卒業論文　2007年
国生剛治『液状化現象―巨大地震を読み解くキーワード―』　山海堂　2005年
宇佐美龍夫『最新版日本被害地震総覧』　東京大学出版会　2003年
長浜市役所『長浜市史2』　1998年
八木伸二郎・伊藤英文・上田さち子「天正地震―特に濃尾・近江・越中の被害について」（『大阪府立大学歴史研究』23　1984年）

第5章
滋賀県教育委員会・㈶滋賀県文化財保護協会『唐橋遺跡』　1992年

著者プロフィール

林　博通（はやし・ひろみち）
　略　歴　1946年高知県生。1968年京都教育大学卒業（考古学専攻）。滋賀県教育委員会文化財保護課技師・係長・㈶滋賀県文化財保護協会調査課長・専門員（1972～1995年）、滋賀県立大学人間文化学部助教授・教授（考古学 1995～2011年）。2011年3月退任。現在、滋賀県立大学名誉教授・滋賀県立琵琶湖博物館特別研究員。博士（歴史学）。
　業績・主要著書　『古代近江の遺跡』サンライズ出版 1998年、「琵琶湖底遺跡研究序論」（『西田弘先生米寿記念論集 近江の考古と歴史』2001年）、『大津京跡の研究』思文閣出版 2001年、「琵琶湖底遺跡の研究—三ツ矢千軒遺跡の調査—」（『環琵琶湖地域論』思文閣出版 2003年）、『尚江千軒遺跡—琵琶湖湖底遺跡の調査・研究—』サンライズ出版 2004年、『幻の都 大津京を掘る』学生社 2005年、「琵琶湖底遺跡調査30年の成果」（㈶滋賀県文化財保護協会編『びわこ水中考古学の世界』サンライズ出版 2009年）　ほか多数

釜井俊孝（かまい・としたか）
　略　歴　1957年東京都生。1979年筑波大学卒業（地球科学専攻）。1986年日本大学修了（地盤工学専攻）。利根コンサルタント㈱技師（1979～1986年）。通商産業省工業技術院・地質調査所（現・産業技術総合研究所）研究官・主任研究官（1986～1995年）。日本大学理工学部土木工学科助手・専任講師・助教授（1995～2000年）。京都大学防災研究所助教授・教授（2000年～現在）。博士（工学）。
　業績・主要著書　『松之山温泉地域の地質（5万分の1地質図幅）』地質調査所 2000年、『飯山地域の地質（5万分の1地質図幅）』地質調査所 2001年、『斜面防災都市』理工図書 2002年、『ハザードマップ—その作成と利用—』日本測量協会 2005年、他論文報告多数。

原口　強（はらぐち・つよし）
　略　歴　1956年鹿児島県生。1979年広島大学理学部地学科卒業。1998年東京大学大学院工学系研究科地球システム工学専攻後期博士課程修了。復建調査設計株式会社（1979～2003年）。大阪市立大学大学院理学研究科准教授（2003年～現在）。専門分野は地質工学、第四紀地質学、活断層研究。博士（工学）。
　業績・主要著書　『液状化対策工法』（分担執筆）㈳地盤工学会 2004年。『斜面地質学』（分担執筆）日本応用地質学会 1999年。『地質調査業の将来像』（分担執筆）㈳全国地質調査業協会連合会 1996年。『東日本大震災津波詳細地図』（上下巻）古今書院 2011年。
　受賞歴　日本水路協会・水路技術奨励賞（1999年）。日本応用地質学会論文賞（2000年）。日本活断層学会論文賞（2010年）。

地震で沈んだ湖底の村
―琵琶湖湖底遺跡を科学する―

平成24年(2012)3月1日発行

著　者	林 博通・釜井俊孝・原口 強
発行者	岩根順子
発行所	サンライズ出版株式会社 〒522-0004　滋賀県彦根市鳥居本町655-1 TEL 0749-22-0627
印　刷	サンライズ出版株式会社

©林博通・釜井俊孝・原口強　2012　　Printed in Japan
ISBN978-4-88325-468-2　　定価はカバーに表示しております。
乱丁本・落丁本は小社にてお取替えします。
本書の全部または一部を無断で複写・複製することを禁じます。